가장 빠른 시간 내에 **회화특별훈련** 끝내는 책

completed by Bunka Institute of Language

* 이것은 『New Bunka NIHONGO 입문회화 1,2 초급회화 1,2』에 관련된 교재입니다만, 다른 교과서로 공부하더라도 사용할 수 있습니다. 또 이미 초급 문형의 학습을 끝내고 회화 실력을 향상시키고자 하는 분에게도 적합한 교재입니다.

머리말

본교에서는 『New Bunka NIHONGO 입문회화 1,2 초급회화 1,2』를 출판한 후, 각 과의 학습 항목에 적합한 기능 교재를 만들고 있습니다. 그 중 청취 교재인 『New Bunka NIHONGO 청취특별훈련 1, 2(원제 : 楽しく聞こう)』는 이미 출판되어 많은 호평을 받고 있는 줄로 압니다.

이번에 새로 만들어진 회화 훈련 교재 『New Bunka NIHONGO 회화특별훈련 1, 2(원제 : 楽しく話そう)』도 지금까지 본교 선생님들이 만드신 교재와 축적된 교수법을 원점으로 하고, 그 위에 일관된 학습 지도 목표 아래서 보충하고 새롭게 작성하는 작업을 되풀이했습니다. 그리고 본교의 교육 현장인 교실에서 직접 가르치시는 선생님들의 협력을 얻어 새로운 교재의 시범 사용과 검토 및 개정을 거듭하여 여러분 앞에 보여 드리게 되었습니다.

교재로서는 아직도 미숙하겠지만, 국내외를 불문하고 많은 분들이 사용하시고 저희에게 여러 의견과 충고를 주시기를 진심으로 바랍니다.

1995년 3월
『New Bunka NIHONGO 회화특별훈련』교재 편집 위원
金田　智子
前家　裕美
上野　るみ
星　　圭子

CONTENTS

머리말 ──────────────────────────── 3

학습자 여러분께 ──────────────────── 6

선생님 여러분께 ──────────────────── 7

内容一覧(ないよういちらん) ──────────────────── 8

数字(すうじ) ──────────────────────────── 13

かぞえましょう「お花見(はなみ)」──────────── 14

ⓑの人(ひと)が使(つか)うページ ──────────── 18

れんしゅう 1　時間(じかん)① ──────────── 20
れんしゅう 2　時間(じかん)② ──────────── 21
れんしゅう 3　数字(すうじ)とひらがな ──────── 22
れんしゅう 4　値段(ねだん) ─────────────── 23
れんしゅう 5　誕生日(たんじょうび) ─────────── 24
れんしゅう 6　リンさんの時計(とけい) ─────── 26
れんしゅう 7　はい、いいえ ───────────── 27
れんしゅう 8　部屋(へや) ──────────────── 29
れんしゅう 9　何(なに)をしますか ─────────── 30
れんしゅう 10　友達(ともだち) ─────────────── 31

LESSON 1　どうですか ─────────────── 32
LESSON 2　ルームメイト ─────────────── 36

CONTENTS

LESSON 3	便利になりましたね	39
LESSON 4	どちらのほうがいいですか	43
LESSON 5	ドライブにいきませんか	46
LESSON 6	待ち合わせ	50
LESSON 7	私は大統領	54
LESSON 8	クッキーなら作れます	58
LESSON 9	何をあげますか	61
LESSON 10	私はプロ！	64
LESSON 11	あの店にしよう！	68
LESSON 12	犯人は誰だ！	73
LESSON 13	Ｘ年後の世の中は？	78
LESSON 14	海を見るなら	82
LESSON 15	仕事は大変！	87

こんな時どう言いますか ——— 92
　　電話のかけ方・92
　　謝り方・96

ⓑの人が使うページ ——— 99

교사용 매뉴얼 ——— 105

학습자 여러분께

교과서에서 여러 가지 문형을 배웠지만, 그것을 사용할 기회가 없거나 또는 실제로 어떻게 사용해야 좋을지 난감할 때가 있지 않습니까?

이 교재는 이미 학습한 일본어와 그 밖의 지식을 활용해서, 여러 가지 상황에서 회화를 체험해 볼 수 있도록 만들었습니다. 초급의 문형만으로도 충분히 회화를 즐길 수 있습니다.

··· 이 교재의 구성과 사용법

[れんしゅう(연습)1~10]

일본어를 배우기 시작한 초급 단계에서 사용합니다. 기본 문형을 정확하게 사용할 수 있도록 연습합시다. 게임 요소가 강하므로 흥미롭게 이야기할 수 있을 것입니다.

[1~15]

여러 가지 상황에 따라 사용하는 회화로, 일상 생활은 물론 가상의 상황도 있습니다. 이것은 이 책의 목적이 학습한 문형과 표현의 활용 범위를 넓힘과 동시에, 화제에 흥미를 갖게 하여 말하는 동기를 높이고 즐겁게 적극적으로 회화에 참여하도록 하는 것이기 때문입니다. 이미 학습한 문형과 표현을 최대한 활용하여 말해 보도록 합시다.

● ちょっとれんしゅう(잠깐 연습)

◆ たのしくはなそう(즐겁게 말하자)에서 주로 사용한 문형과 표현 연습입니다. 정확히 사용할 수 있도록 연습을 많이 해 두기 바랍니다.

◆ たのしくはなそう(즐겁게 말하자)

설정된 상황을 잘 이해하고 상상력을 발휘하여 말해 보십시오.

실수하는 것을 두려워하지 말고, 배운 것을 자신있게 사용하면 말하는 것이 매우 재미있어질 것입니다.

이 외에도 일상 생활에 필요한 회화를 공부하는 [こんな時どう言いますか(이런 때 어떻게 말합니까)]와 자주 사용하는 말을 모은 [つかってみよう(사용해 보자)]가 있습니다.

* 이것은 『Bunka Japanese 1·2』에 관련된 교재입니다만, 다른 교과서로 공부하더라도 사용할 수 있습니다. 또 이미 초급 문형의 학습을 끝내고 회화 실력을 향상시키고자 하는 분에게도 적합한 교재입니다.

선생님 여러분께

まず6ページの「学習者の皆さんへ」をお読みください。
本書の活動で使用される主な文型や表現は『Bunka Japanese 1・2』の提出順になっています。『新日本語の基礎』『日本語初歩』との対照表は次ページにありますので、活動の簡単な内容一覧と合わせて参考にしてください。

本書は初級の学習者を対象とした会話教材です。また、初級文法の学習を終えたけれども話すことが苦手な学習者にも活用できるものです。中級で使用する場合、既に語彙や文型も増えており、より豊かな会話が楽しめることでしょう。

初級の学習においては「正確さ」に重点が置かれ、文型導入後は定着のための様々な練習やゲームなどが行われます。しかし、その後学んだ文型を組み合わせ、駆使して話す機会が学習者にどれだけ与えられているでしょうか。次々に新しい文型を習うけれども使えない、使う機会がない、という学習者は意外に多いものです。

本書では学習者が各自の能力に応じて楽しみながら話せるよう、学習者の日常生活に即した場面にこだわらず様々な状況を設定しました。

1から15の各ユニットは、● ちょっとれんしゅう と ◆ たのしくはなそう の2段階で構成されています。

● ちょっとれんしゅう の文型や語彙は ◆ たのしくはなそう の活動を助けるものです。もし未習語彙があればここで導入し、また文型を復習する必要があれば少し時間をかけるなど、学習者のレベルに応じてお使いください。教科書で文型を導入した後、定着のための練習として使用することもできると思います。絵が多用されていますが、この絵を利用して、指示されている言葉や文以外のことも学習者から引き出すようにすると、後に行う ◆ たのしくはなそう での会話がより豊かになるだろうと思います。

◆ たのしくはなそう では学習者が興味を持ってその活動に取り組めるよう教師は雰囲気を盛り上げてください。活動中はあくまでも『コミュニケーション』を重視し、完璧に話すことを求めず、間違いを一つ一つ訂正することは避けてください。もし多くの学習者に共通する間違いがあれば活動後に指導する、という姿勢でいるほうが楽しい活動ができると思います。

本書の中に『つかってみよう』というページがありますが、これは日本で生活する学習者にとって必要であるにもかかわらず、必ずしも従来の教科書で扱われていない表現を集めたものです。必要に応じてお使いください。

本書は少人数で使うことも可能ですが、10人以上の教室活動を想定して作りました。
この冊子はあくまでもそういう教室活動の一つの指導例ですから、本書を使われる先生方で学習者の人数、目的、レベル等に応じて自由に工夫していただきたいと思います。

「楽しく話そう」内容一覧

		タイトル	主 な 使 用 文 型
		数字	
		かぞえましょう (お花見)	数詞
れんしゅう	1	時間①	今、何時ですか。〜時です。
	2	時間②	〜は何時から何時までですか。
	3	数字とひらがな	
	4	値段	〜はいくらですか。〜円です。
	5	誕生日	〜はいつですか。〜月〜日です。
	6	リンさんの時計	〜の〜は（形容詞）ですか。 はい、（形容詞）です。 いいえ、（形容詞）く／じゃありません。
	7	はい，いいえ	（名詞）ですか。 はい、（名詞）です。 いいえ、（名詞）じゃありません。〜です。
	8	部屋	〜の〜に何がありますか。／いますか。 〜があります。／います。
	9	何をしますか	動詞、形容詞の現在形
	10	友達	〜が好きです。 よく／あまり
	L1	どうでしたか	形容詞の過去形，接続，逆接
	L2	ルームメイト	〜てもいいですか。（許可） 〜てください。（依頼）
	L3	便利になりましたね。	〜くなりました。／〜になりました。（変化） どう思いますか。〜と思います。 どうしてですか。〜し、〜からです。
	L4	どちらのほうがいいですか	〜のほうが（〜より）〜です。 〜のほうがいいと思います。 〜からです。
	L5	ドライブにいきませんか	〜んですが、〜ませんか。 〜そうです。（伝聞） 〜と言っていました。
	L6	待ち合わせ	〜て〜と、〜があります。［道順］ 〜を（着て）います。

文化初級：Bunaka Japanese 1・2

対　応　課			内　　　　容	ページ
文化初級	新日本語の基礎	日本語初歩		
生活会話	L.1	L.5	絵の中から数字を捜す。	13
L.19	L.11	L.5	数詞を学ぶ。 数詞を使い分けて質問し合う。	14～17
L.1	L.4	L.9	いろいろな国（地域）の現在時刻を聞く。	20
L.1	L.4		郵便局などの開いている時間を聞く。	21
L.3	L.1	L.5	数字とひらがなに慣れ親しむ。	22
生活会話	L.2	L.6	店で物の値段を聞く。値段の言い方に慣れる。	23
L.1	L.5	L.7	日にちを聞いたり答えたりする。	24～25
L.4	L.8	L.8	形容詞を使って相手のものについて聞く。	26
L.2	L.2	L.2	「はい」「いいえ」で答えられる質問をして、何が隠れているか当てる。 （インフォメーション・ギャップの利用）	27～28 99
L.5	L.10	L.3, 4	相手に質問して、どこに何があるか確かめる。 （インフォメーション・ギャップの利用）	29 100
L.6	L.4-8	L.8	動詞や形容詞を使って、人や動物の行動や特徴を表現する。	30
L.6 L.6	L.9 L.23	L.22 L.8	いろいろな人の好みを聞いて、気が合いそうな人を捜す。	31
L.8	L.12/16/8	L.10/6/22	旅行などの感想を聞いたり述べたりする。	32
L.9 L.9	L.15 L.14	L.26 L.14	自分の条件に合うルームメイトを捜す。	36
L.12 L.13 L.13	L.19 L.21 L.28	L.9 L.27	昔と今を比べて変化したものについてインタビューする。	39
L.15 L.15 L.13	L.12 L.12 L.9	L.25 L.25 L.27	長所短所を言い、自分の勧めるもののよさを主張する。	43
L.17 L.17 L.17	L.26/6 L.47 L.21	L.26 L.21 L.22	人をうまく誘って待ち合わせの日時を決める。	46
L.19 L.19	L.23 L.22	L.26 L.17	初対面の人と待ち合わせをするために待ち合わせ場所への行き方、その人の服装を聞く。 （インフォメーション・ギャップの利用）	50 101

	タイトル	主な使用文型
L7	私は大統領	（意志形）と思っています。 〜つもりです。 〜なくてはいけません。 〜なくてもいいです。
L8	クッキーなら作れます。	〜ことがないんです。（経験） （名詞）なら〜。 可能形
L9	何をあげますか	受給動詞 〜たがっていました。 〜をほしがっていました。 〜と言っていました。
L10	私はプロ！	〜ように〜。 〜ておきます。
L11	あの店にしよう！	文脈指示の「そ」「あ」
L12	犯人は誰だ！	迷惑の受け身 〜ようです。（推量）
L13	X年後の世の中は？	一般受け身 〜ようになります。（変化）
L14	海を見るなら	〜なら、〜たらどうですか。 〜たほうがいいです。
L15	仕事は大変！	使役受け身
こんな時どう言いますか	電話のかけ方	
	謝り方	
つかってみよう	駅で	
	DPEショップで	
	店で	
	レストランで	
	美容院、床屋で	
	「どうしたんですか」	〜んです。

対　応　課			内　　　　　容	ページ
文化初級	新日本語の基礎	日本語初歩		
L.20 L.20 L.21 L.21	L.31 L.31 (L.17) L.17	L.19 L.19 L.26	新しい国の大統領になったつもりで、施政方針や規則について演説する。	54〜57
L.22 L.22 L.22	L.19 L.27	L.25 L.32 L.23	パーティーを企画し、いろいろな係を決める。	58〜60 102
L.25 L.23 L.23 L.17	L.24 L.21	L.29 L.22 L.22 L.22	ヨットで世界一周の旅に出る二人にあげる餞別について相談する。	61〜63
L.27 L.27	L.36 L.30	L.32	ある職業の人になったつもりで、日頃気をつけていることなどについて話す。	64〜67
L.28			友達と相談して一緒に食事に行く店を決める。（インフォメーション・ギャップの利用）	68〜71 103
L.32 L.32	L.37 L.47	L.31 L.28	泥棒に入られた家の被害状況を述べ、犯人について推理する。	73〜76
L.33 L.25	L.37 L.36	L.31 L.23	100年後の世の中がどうなっているか話し合う。	78〜80
L.31/34 L.21	L.35 L.32	L.32 L.24	観光案内所の人が観光客に旅行先についてアドバイスする。	82〜86 18〜19
L.36			自分たちの仕事の大変さを述べ、新しい人がその仕事に就かないようにする。	87〜89
L.30			電話をかけたり、受けたりする練習。相手が不在の場合は伝言をし用件を伝える。	92〜95
L.35			話を自分から切り出し、適切な流れで謝罪する。	96〜98
			どこで電車に乗ったらいいか、目的地に止まるかどうか等の聞き方	42
			写真の現像を頼む時の表現	72
			買う時、買わない時の表現	77
			注文する時、注文したものが来ない時等の表現	81
			髪型を説明するときの表現	90
L.16	L.26	L.24	いつもと様子の違う人に理由を聞く。	91

数字
すうじ

● 数字を言いましょう。

かぞえましょう

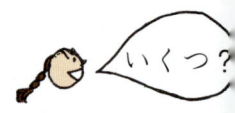

| ひとつ | ふたつ | みっつ | よっつ | いつつ | むっつ | ななつ | やっつ | ここのつ | とお |

| ひとり | ふたり | さんにん | よにん | ごにん | ろくにん | しちにん | はちにん | きゅうにん | じゅうにん |

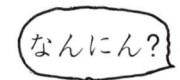

1 いっこ	1 いっぽん
2 にこ	2 にほん
3 さんこ	3 さんぼん
4 よんこ	4 よんほん
5 ごこ	5 ごほん
6 ろっこ	6 ろっぽん
7 ななこ	7 ななほん
8 はっこ	8 はっぽん
9 きゅうこ	9 きゅうほん
10 じっこ	10 じっぽん

〜個　　なんこ？

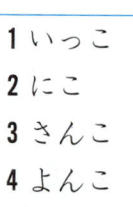

〜本　　なんぼん？

1 いっさつ	1 いちまい
2 にさつ	2 にまい
3 さんさつ	3 さんまい
4 よんさつ	4 よんまい
5 ごさつ	5 ごまい
6 ろくさつ	6 ろくまい
7 ななさつ	7 ななまい
8 はっさつ	8 はちまい
9 きゅうさつ	9 きゅうまい
10 じっさつ	10 じゅうまい

〜冊　　なんさつ？

〜枚　　なんまい？

14

「お花見」

海を見るなら

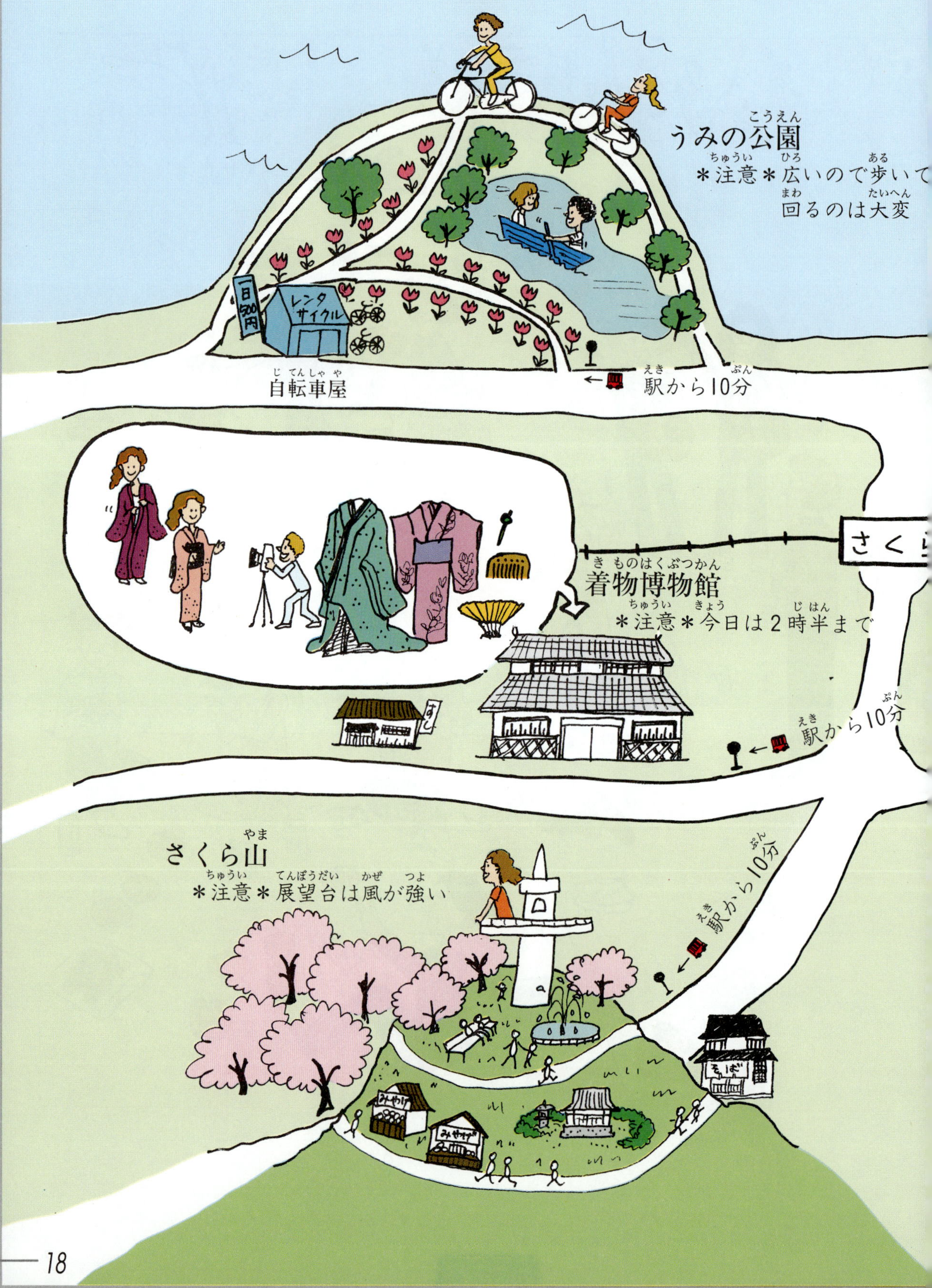

うみの公園
＊注意＊広いので歩いて
回るのは大変
一日500円
レンタサイクル
自転車屋
駅から10分
着物博物館
＊注意＊今日は2時半まで
すし
駅から10分
さくら
さくら山
＊注意＊展望台は風が強い
駅から10分
そば
みやげ
みやげ

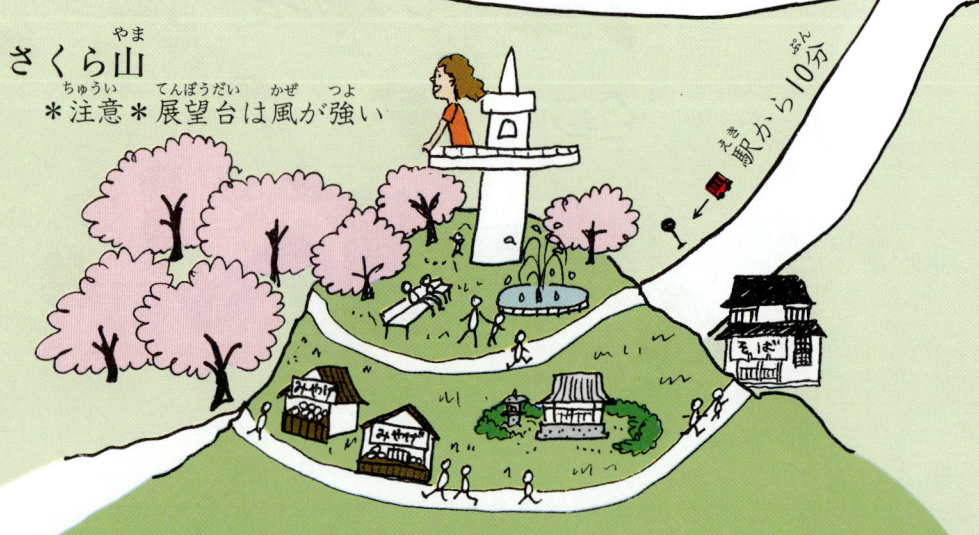

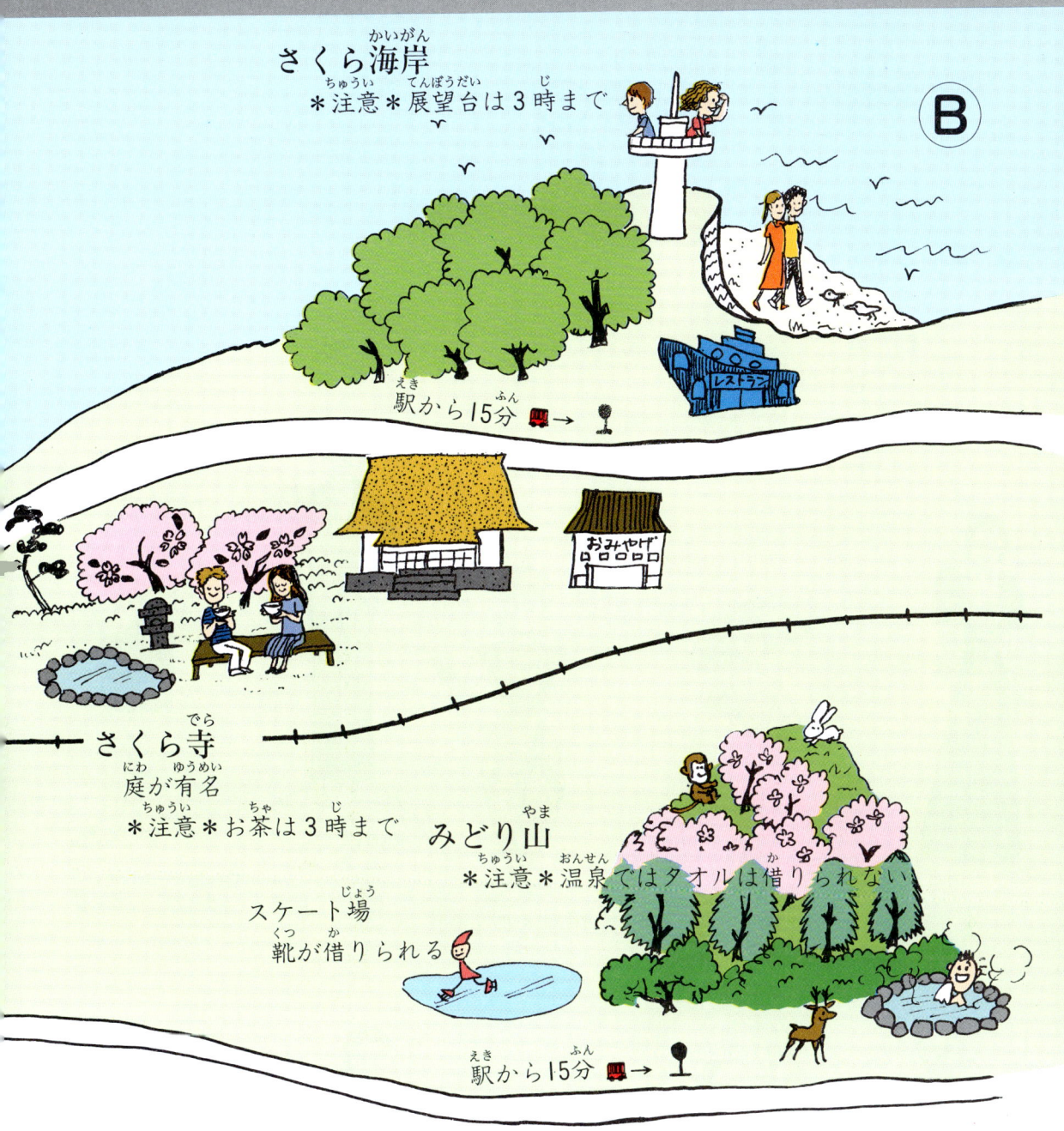

1. お客さんの希望を聞いたら、それに合う場所を紹介してください。

　　＿＿＿＿＿なら＿＿＿＿＿たらどうですか。

2. 行く場所が決まったら、＊注意＊を読んでその場所についてアドバイスをしてください。

　　＿＿＿＿＿へ行くなら、＿＿＿＿＿ほうがいいですよ。

（このページは「14　海を見るなら」で使います。）

れんしゅう 1 時間 ①

● 時間を聞きましょう。

例) A：すみません。今何時ですか。
B：○時です。
A：どうもありがとうございました。
B：いいえ、どういたしまして。

PHILIPPINE
フィリピン
：

FRANCE
フランス
：

THAILAND
タイ
：

KENYA
ケニア
：

AUSTRALIA (SYDNEY)
オーストラリア (シドニー)
：

ENGLAND
イギリス
：

BRAZIL
ブラジル
(RIO DE JANEIRO)
(リオデジャネイロ)
：

INDIA (CALCUTTA)
インド (カルカッタ)
：

EGYPT
エジプト
：

れんしゅう 2 時間 ②

● 友達に聞きましょう。

例) A：すみません。日本の郵便局は何時から何時までですか。
B：9時から5時までです。
(A：9時から5時までですね。)
(B：はい、そうです。)
A：どうもありがとうございました。
B：いいえ、どういたしまして。

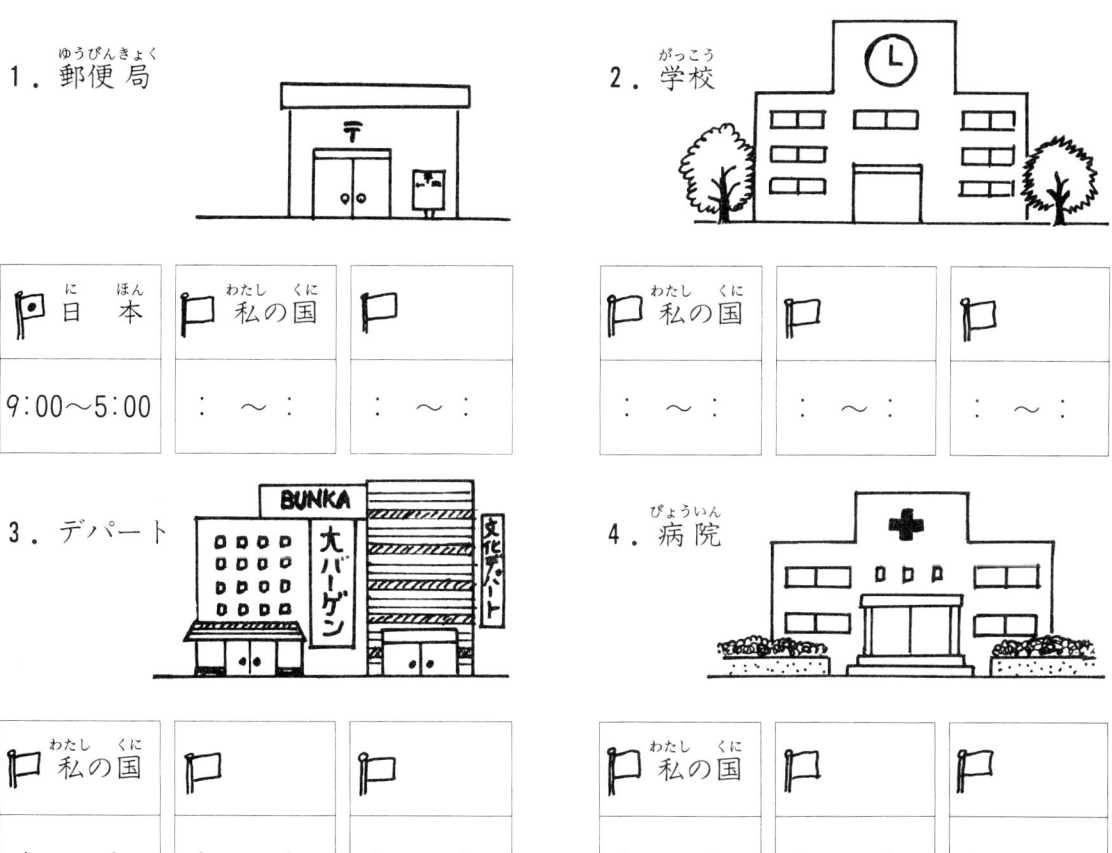

れんしゅう 3　数字とひらがな

● 友達がひらがなを言います。その数字を言いましょう。

ゆ→7	ね→5	こ→2	ま→3	つ→6
ぬ→4	き→9	う→3	さ→5	ん→0
く→8	と→1	た→0	い→9	め→8
る→4	お→2	し→7	あ→6	わ→1

例)
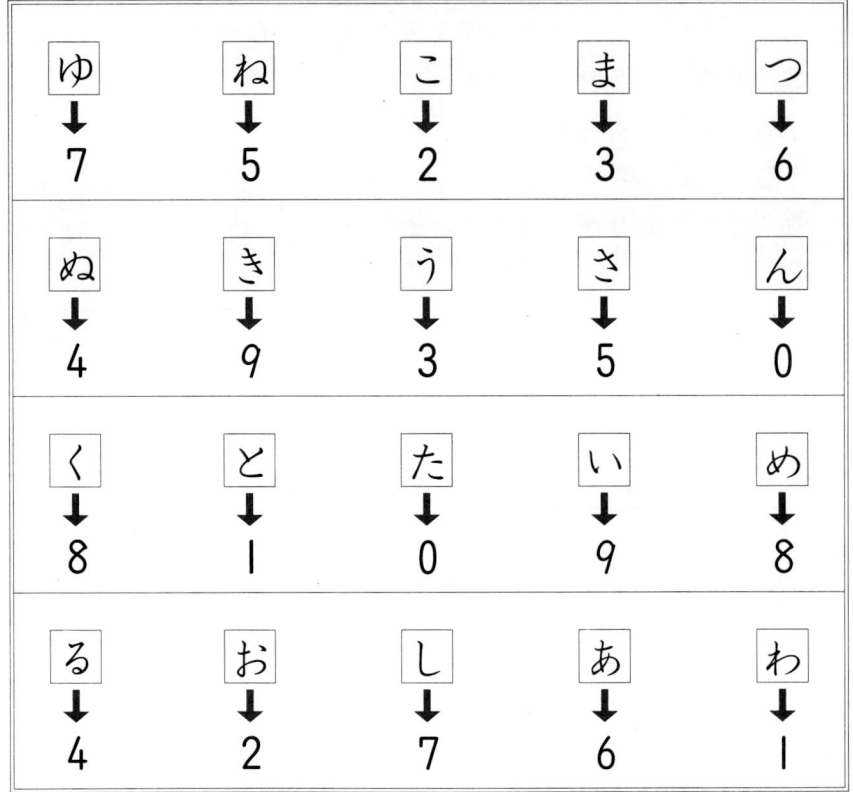
Aさん 「あし」 → Bさん 67

1. あめ 　2. ゆき 　3. わたし 　4. くるま

5. くつした 　6. おとうさん 　7. ねこといぬ

れんしゅう 4 値段

❶ いろいろな店で値段を聞きましょう。

ハンバーガー	円	えんぴつ	円
コーヒー	円	ノート	円
うどん	円	けしゴム	円
ラーメン	円	ペン	円
カレー	円	はさみ	円
コーラ	円	たばこ	円
ビール	円		円

❷ 友達に質問しましょう。

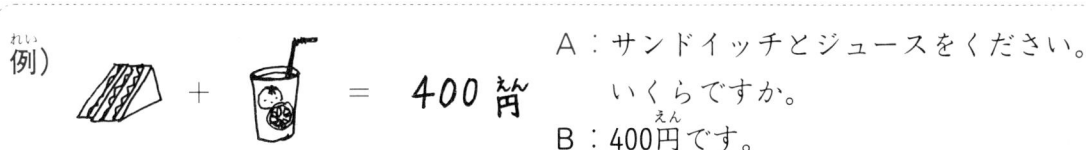

例） サンドイッチ ＋ ジュース ＝ 400円

A：サンドイッチと ジュースを ください。
　　いくらですか。
B：400円です。

1. ハンバーガー ＋ コーラ ＝ 　　円
2. カレー ＋ コーヒー ＝ 　　円
3. えんぴつ ＋ けしゴム ＝ 　　円
4. ノート ＋ ペン ＝ 　　円
5. 　　＋　　＝ 　　円
6. 　　＋　　＝ 　　円

れんしゅう 5 誕生日

❶ 友達の誕生日を聞いて、書きましょう。

1月	2月	3月	4月	5月	6月
1	1	1	1	1	1
2	2	2	2	2	2
3	3	3	3	3	3
4	4	4	4	4	4
5	5	5	5	5	5
6	6	6	6	6	6
7	7	7	7	7	7
8	8	8	8	8	8
9	9	9	9	9	9
10	10	10	10	10	10
11	11	11	11	11	11
12	12	12	12	12	12
13	13	13	13	13	13
14	14	14	14	14	14
15	15	15	15	15	15
16	16	16	16	16	16
17	17	17	17	17	17
18	18	18	18	18	18
19	19	19	19	19	19
20	20	20	20	20	20
21	21	21	21	21	21
22	22	22	22	22	22
23	23	23	23	23	23
24	24	24	24	24	24
25	25	25	25	25	25
26	26	26	26	26	26
27	27	27	27	27	27
28	28	28	28	28	28
29	29	29	29	29	29
30		30	30	30	30
31		31		31	

❷ 先生に一年間のスケジュールを聞きましょう。

- 文化祭（문화제）
- 夏休み（여름방학）
- 冬休み（겨울방학）
- 卒業式（졸업식）

- 創立記念日（창립 기념일）
- ☐ テスト
- ☐ パーティー

7月	8月	9月	10月	11月	12月
1	1	1	1	1	1
2	2	2	2	2	2
3	3	3	3	3	3
4	4	4	4	4	4
5	5	5	5	5	5
6	6	6	6	6	6
7	7	7	7	7	7
8	8	8	8	8	8
9	9	9	9	9	9
10	10	10	10	10	10
11	11	11	11	11	11
12	12	12	12	12	12
13	13	13	13	13	13
14	14	14	14	14	14
15	15	15	15	15	15
16	16	16	16	16	16
17	17	17	17	17	17
18	18	18	18	18	18
19	19	19	19	19	19
20	20	20	20	20	20
21	21	21	21	21	21
22	22	22	22	22	22
23	23	23	23	23	23
24	24	24	24	24	24
25	25	25	25	25	25
26	26	26	26	26	26
27	27	27	27	27	27
28	28	28	28	28	28
29	29	29	29	29	29
30	30	30	30	30	30
31	31		31		31

れんしゅう 6 リンさんの時計(とけい)

❶ (　　　)の中にものの名前を書きましょう。

❷ 友達に質問して、友達の名前を書きましょう。

例1) A：パクさんの時計は高いですか。
　　　B：いいえ、高くありません。安いです。

例2) A：リンさんの時計は高いですか。
　　　B：はい、高いです。

例(とけい)	(　　)	(　　)	(　　)
たかい	ひろい	あたらしい	きれい
リン　さん	さん	さん	さん
(　　)	(　　)	(　　)	(　　)
ふるい	しずか	おおきい	あかい
さん	さん	さん	さん

れんしゅう 7 はい、いいえ

● 例のように友達に質問しましょう。

例1)

Aさんの絵　　　　　　　Bさんの絵

A:「本ですか。」

B:「はい、本です。」

例2)

Aさんの絵　　　　　　　Bさんの絵

A:「ノートですか。」

B:「いいえ、ノートじゃありません。本です。」

＊Aさんは28ページ、Bさんは99ページを見てください。

1. 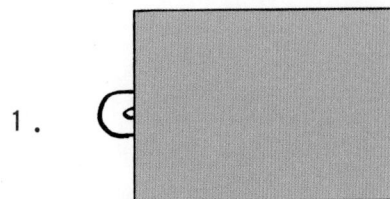   2.

3.    4.

5.    6.

7.    8.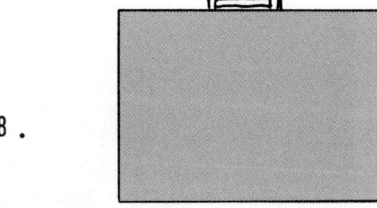

れんしゅう 8 部屋

A ＊Bさんは100ページを見てください。

● 友達に聞きましょう。

例) いすの下に何がありますか。 くつがあります。

れんしゅう 9 何をしますか

❶ 例のように話しましょう。

例）
赤ちゃん

> ミルクを飲みます。
> 歩きません。
> よく寝ます。
> 小さいです。

1. 学生

2. 会社員

3. 猿

4.
> 話しません。
> 手と足がありません。
> 水が好きです。
> よく泳ぎます。

❷ 人か動物の絵を書いて、友達に説明しましょう。

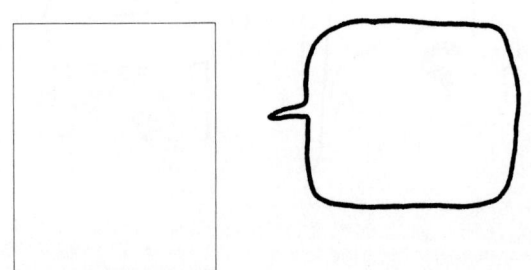

れんしゅう 10 友達

❶ 「質問すること」の（　）に自分のことを書いてください。

❷ 友達にインタビューしてください。
　　⇨「はい」→○　／　「いいえ」→×　を書きましょう。

質問すること		さん	さん	さん	さん
1. 食べもの	（　　　　　　　　　　）が好きです				
2. 飲みもの	（　　　　　　　　　　）をよく飲みます				
3. スポーツ	（　　　　　　　　　　）が好きです				
4. 音楽	（　　　　　　　　　　）をよく聞きます				
5. 休みの日	（　　　　　　　　　　　　　　）				
6.					

❸ ○はいくつありましたか。→POINT！

☆ポイント☆　　4～6 →　とてもいい友達
　　　　　　　1～3 →　いい友達
　　　　　　　　0　 →　…がんばりましょう！

LESSON 1 どうでしたか

ちょっとれんしゅう

休みに何をしましたか。友達に聞きましょう。

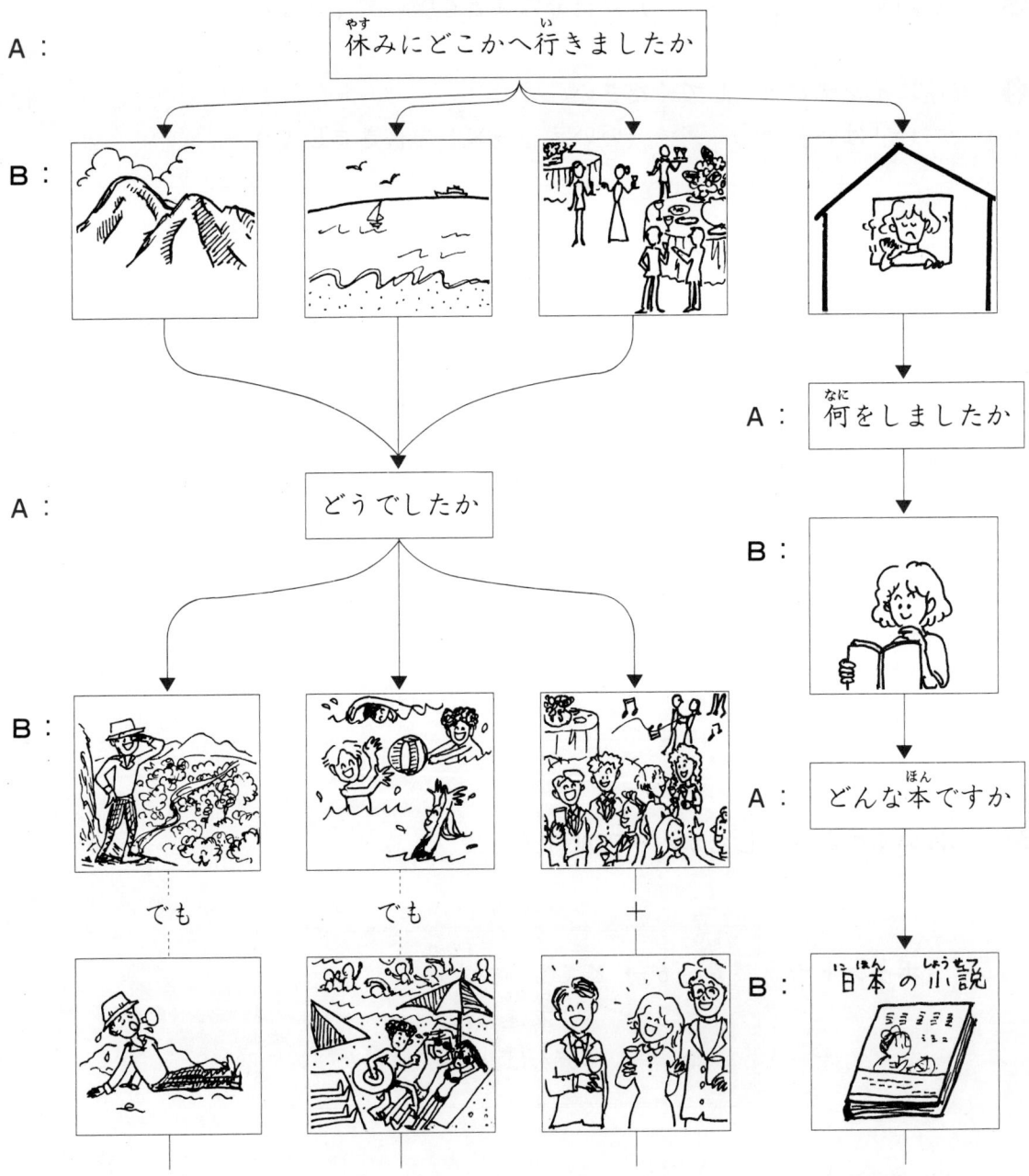

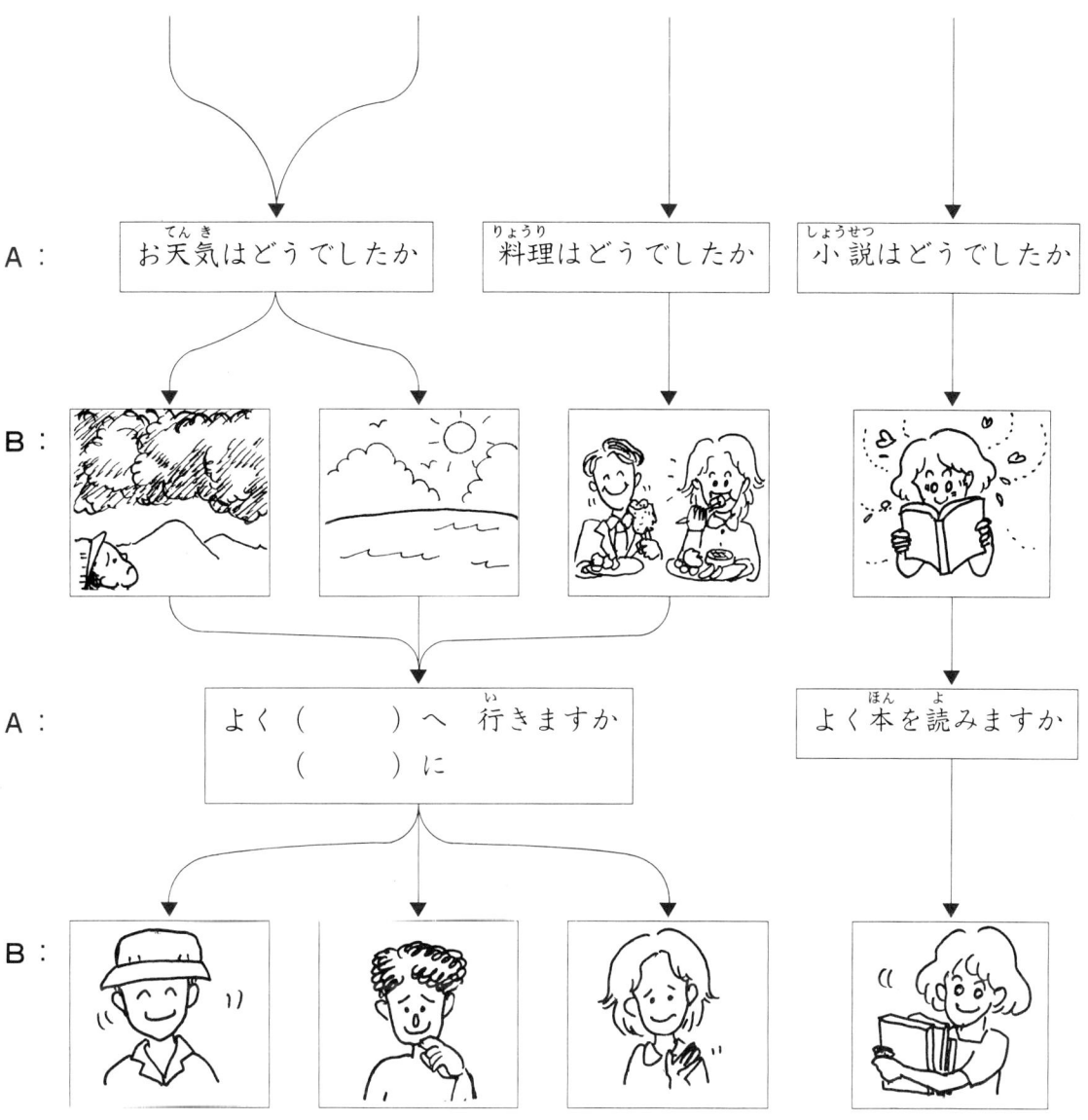

◆ たのしくはなそう

絵を見て、二人で話しましょう。

1.
A：旅行はどうでしたか。
B：1．たのしい
　　2．三日間
　　3．いい天気／ちょっと寒い
　　4．ボートに乗る
　　5．魚料理　おいしい／高い

2.
A：ハワイはどうでしたか。
B：1．いい　海が青い／きれい
　　2．1週間
　　3．暑い
　　4．毎日泳ぐ
　　5．くだもの　安い／おいしい

3.
A：デートはどうでしたか。
B：1．たのしい
　　2．公園へ行く
　　3．話をする
　　4．フランス料理を食べる
　　5．おいしい／高い

4.

A：遊園地はどうでしたか。
B： 1．たのしい／人が多い
　　 2．いい天気
　　 3．ジェットコースターに乗る
　　 4．こわい／おもしろい

5.

A：デートはどうでしたか。
B：

6.

A：コンサートはどうでしたか。
B：

LESSON 2 ルームメイト

ちょっとれんしゅう

あなたはこれから友達と一緒に住みます。質問しましょう。

例1)
たばこを吸ってもいいですか。

A
たばこを吸う

×
B

あの、たばこはちょっと…。

例2)
朝、お風呂に入ってもいいですか。

A
朝、お風呂に入る

○ でも
（7時までに入る）

B
ええ、いいですよ。
でも、7時までに入ってください。

1. 猫を飼う

A × B

2. パーティーをする

A

○ でも
（そうじをする）
B

3. 毎日 料理をする　　　　　　　4. ギターを弾く

○でも（台所をきれいに使う）　　　×

A　　　　　　B　　　　　　A　　　　　　B

5. 歌の練習をする　　　　　　　6. 夜、洗濯をする

○でも（10時までにする）

A　　　　　　B　　　　　　A　　　　　　B

7. 友達を泊める　　　　　　　8. 深夜番組を見る

○でも（夜、静かにする）　　　○でも（静かに見る）

A　　　　　　B　　　　　　A　　　　　　B

◆ たのしくはなそう

あなたはルームメイトを探しています。
いろいろな人と話して、ルームメイトを決めましょう。

質問しましょう！

質問すること	さん	さん	さん	さん
1. 今、どこに住んでいますか。				
2. ○○さんの家は＿＿＿＿＿＿か。 ・駅からどのぐらいかかる？ ・広い？　など				
3. ○○さんの家で＿＿＿てもいいですか。 ・ ・ ・ ・ ・				
4. 何をするのが好きですか。				
5.				

● ルームメイトを決めましょう！

LESSON 3 便利になりましたね

ちょっとれんしゅう

30年前はどうでしたか。今はどうですか。

〈30年前〉　　　　　　　　　　　　〈今〉

1. 　

例) 30年前は、髪が長かったです。　　今は、髪が短くなりました。

2. 　

例) 30年前は、
リモコンがありませんでした。
便利じゃありませんでした。

今は、
リモコンがあります。
便利になりました。

たのしくはなそう

1. 30年前はどうでしたか。今はどうですか。

〈30年前〉

〈今〉

2. 変化したことの中から一つ選んでください。5〜10人にインタビューしましょう。

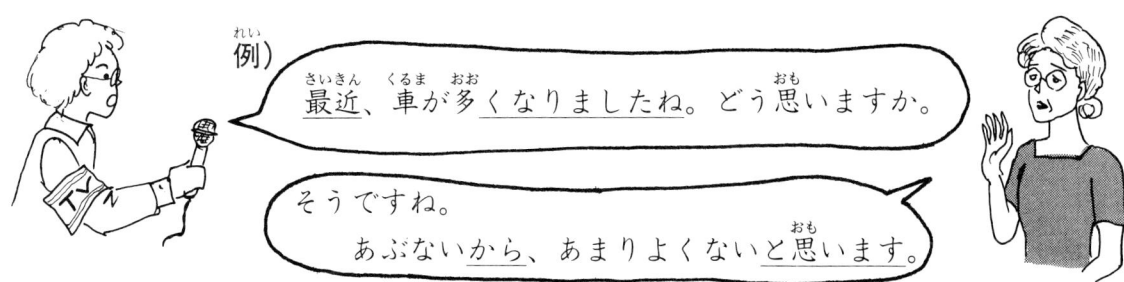

例）
最近、車が多くなりましたね。どう思いますか。

そうですね。
あぶないから、あまりよくないと思います。

テーマ：		
○		（理由）
×		（理由）

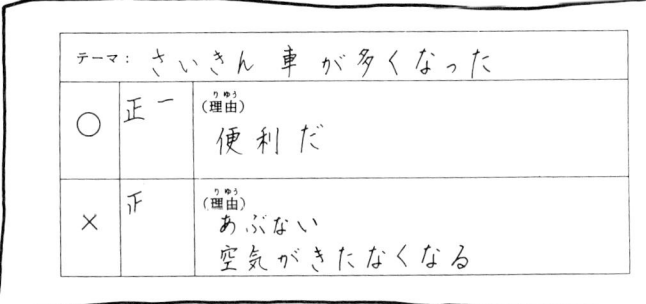

テーマ：さいきん車が多くなった		
○	正一	（理由）便利だ
×	正	（理由）あぶない 空気がきたなくなる

3. 発表しましょう。

例）
最近、車が多くなりました。
いいと思う人は6人です。便利だからです。
よくないと思う人は4人です。あぶないし、
空気がきたなくなるからです。

つかってみよう！

● どこで電車に乗ったらいいかわからないとき、駅員さんやそばの人に聞きましょう。

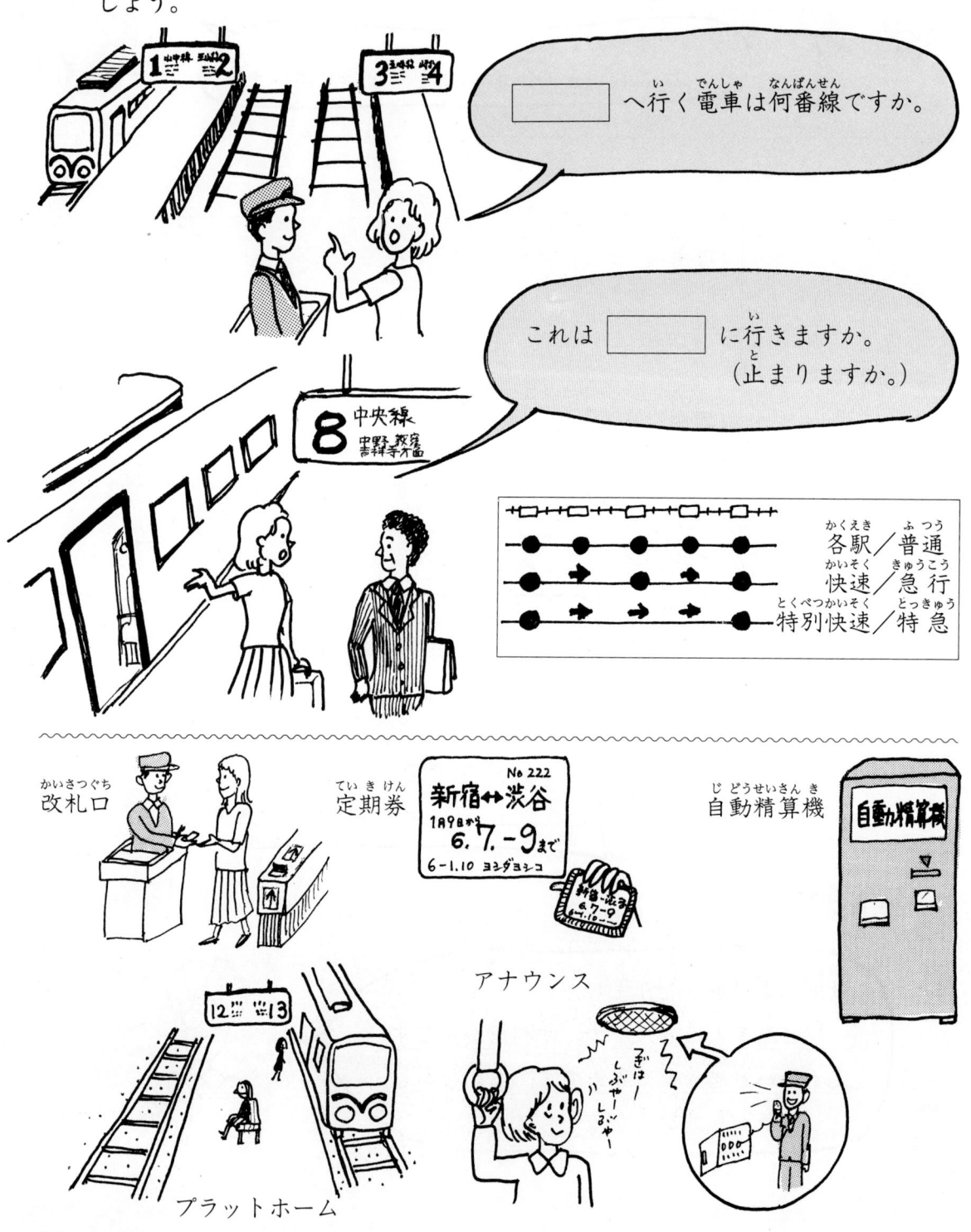

LESSON 4 どちらのほうがいいですか

ちょっとれんしゅう

絵を見て例のように比べましょう。

例）ウォークマン

A：どちらのほうがいいと思いますか。
B：aのほうがいいと思います。安いからです。

(a)

(b)

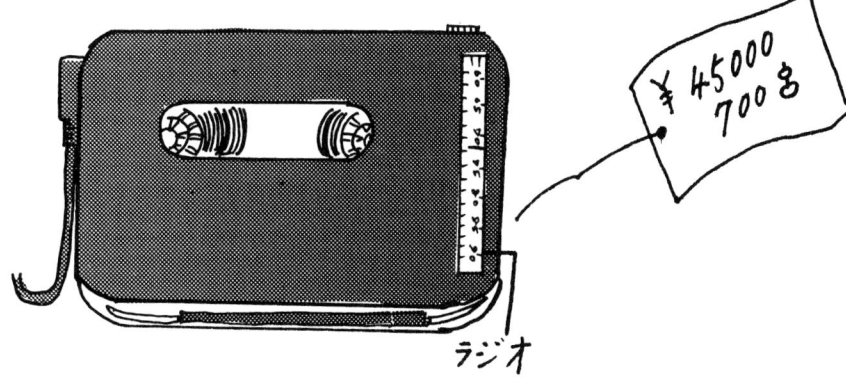

1. ペット
   (a) 大きい犬
   (b) 小さい犬

2. かばん
   (a)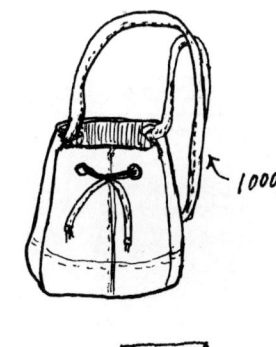
   (b)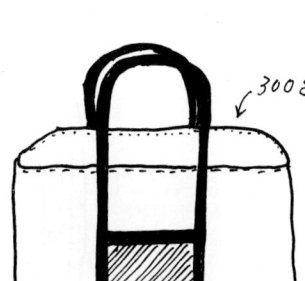
   (c)
   (d)
   (e)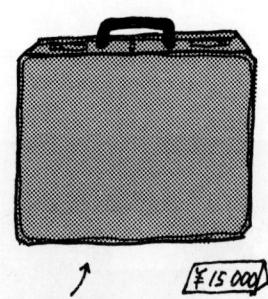
   (f)

◆ たのしくはなそう

友達と一泊二日の旅行をします。
aとbとどちらのほうがいいですか。

1. どこへ行きますか。

   (a) サンビーチ　　　　　(b) さくら海岸

    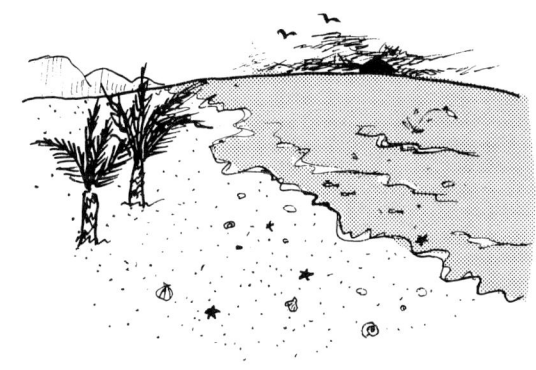

2. 何で行きますか。

   (a) レンタカー　　　　　(b) 電車

    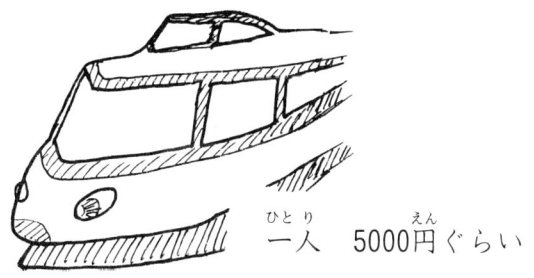

   一日1200円　　　　　　一人　5000円ぐらい
   ガソリン代3000円

3. どこに泊まりますか。

   (a) ホテル（洋室）　　　(b) 旅館（和室）

   一泊10000円　　　　　　一泊15000円
   朝食　　　　　　　　　　朝食と夕食

LESSON 5 ドライブにいきませんか

ちょっとれんしゅう

絵を見て、例のように練習しましょう。
AさんがBさんを誘います。

例)

車を買ったんですが、
ドライブに行きませんか。

いいですね。
どこへ？

富士山はどうですか。
きれいだそうですよ。
(友達がきれいだと言っていました。)

4.

 A
 B
いいですね。
いつ行きましょうか。
 A

～んですが、～ませんか。　　　　　～はどうですか。～そうですよ。
　　　　　　　　　　　　　　　　　（が～と言っていました。）

◆ たのしくはなそう

1．あなたが友達としたいことを二つ選んでください。

□ 食べに行く／食事に行く	□ 買い物に行く
□ （お酒を）飲みに行く	□ コンサートに行く
□ ドライブに行く	□ パーティーに行く
□ カラオケに行く	□ 遊園地に行く
□ 映画を見に行く	□ 家に遊びに来る
□ 泳ぎに行く	□ ？
□ テニスをしに行く	□ ？
□ ボーリングに行く	

2．右のノートにあなたがアルバイトをする日を二日間書きます。
　　★アルバイトの日は、忙しいので断ります。

3. 上手に友達を誘いましょう。

～んですが、～ませんか。

いっしょに遊ぶ人がみつかったら、会う時間と場所を決めます。

下のノートに、例のようにメモします。

/月

/火　アルバイト

/水　アルバイト

/木

(例)
吉田さん・ボーリング
5:00 学校の前
/金

/土

/日

LESSON 6 待ち合わせ

ちょっとれんしゅう

1 右の地図の1～6への行き方を友達に聞きましょう。

| 1. 小学校 | 2. ホテル | 3. 郵便局 |
| 4. 図書館 | 5. 本屋 | 6. 病院 |

例）

A: すみません。映画館はどこですか。

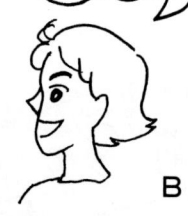

B: 駅を出て、(デパートとそば屋の間の道を) まっすぐ行くと、左側に交番があります。そこを左に曲がって少し行くと、右側にあります。

A: どうもありがとうございました。

★ 駅を出て、(デパートとそば屋の間の道を) まっすぐ～
　駅を出て、右に～
　駅を出て、左に～

★注意！ 🚧 は工事中です。通ってはいけません。

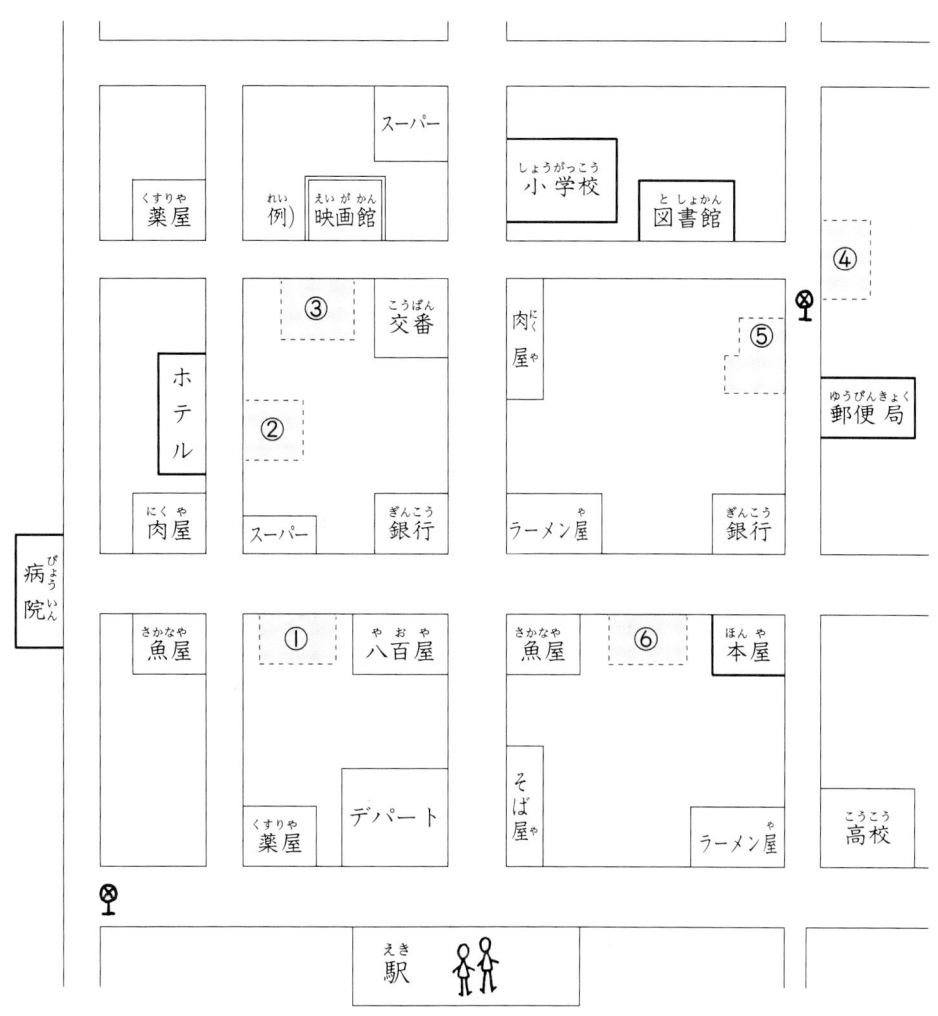

[2] १．ペアになります。それぞれの店の場所を決めましょう。

上の地図の ① ～ ⑥ の好きなところに書いてください。

＊Ａさん…「花屋」と「喫茶店」を書きます。

＊Ｂさん…「靴屋」と「めがね屋」を書きます。

２．友達が決めた店への行き方を聞きましょう。

たのしくはなそう

1. ペアになりましょう。

   ＊Aさん…あなたは今日、手帳を拾いました。
   　　　　その持ち主に電話をします。

   ＊Bさん…あなたは手帳を落として困っています。

2. Aさんは53ページ、Bさんは101ページを見てください。

3. ペアで話しましょう。

4. 話が終わったら、ペアで答え合わせをしましょう。
   待ち合わせはうまくできましたか。

1. 待ち合わせをする喫茶店を ▨▨▨ から選んでください。

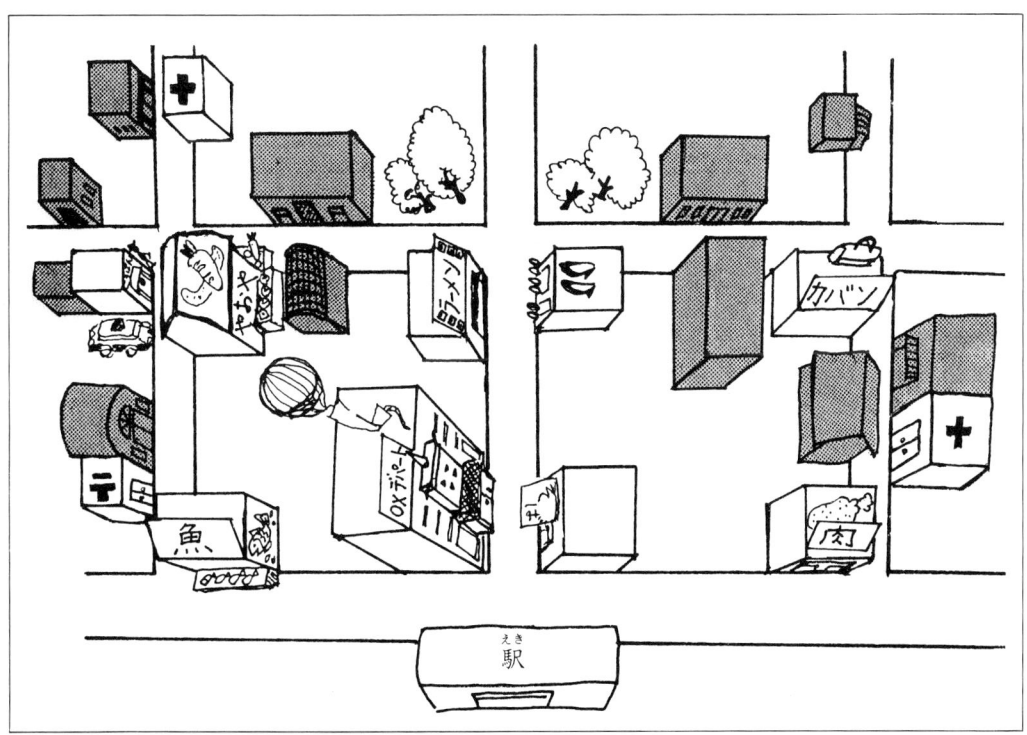

2. あなたはどんな服を着ていますか。下の絵の中から選びましょう。

LESSON 7 私は大統領

ちょっとれんしゅう

ここに小さな島があります。この島が今度一つの国になりました。あなたが大統領です。どんな国にしたいですか。

私はスポーツが強い国を作るつもりです。

① そのために大統領はどんなことをしますか。

――― 大統領の仕事 ―――

私（大統領）は世界一大きい体育館を { 作るつもりです。 / 作ろうと思っています。

プールなどを
無料にする

試合に勝った人に
お金をあげる

スポーツをしない人は
刑務所に入れる

2 国民は何をしますか。

🔺 国民の規則 🔺

1. 基本的な規則を決めましょう。

_____ なくてはいけません。　　_____ なくてもいいです。

（払う）　　　　　　　　　　　　　　　　（払わない）

税金を払う

_____ なくてはいけません。　　_____ なくてもいいです。

（行く）　　　　　　　　　　　　　　　　（行かない）

毎日学校へ行く

2. その他にどんな規則を作りますか。

毎日3km走る

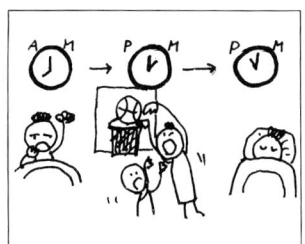

スポーツ選手は
仕事をしない

スポーツクラブに入る

◆ たのしくはなそう

みんなで新しい国を作ります。

1. グループでどんな国にするか考えます。

2. 自分の国について発表します。他の国の発表を聞いて質問します。
   自分の国以外で住みたいと思う国はどこですか。

何を作りますか。

公園 　道路 　幼稚園

美術館 　ゴミ処理場

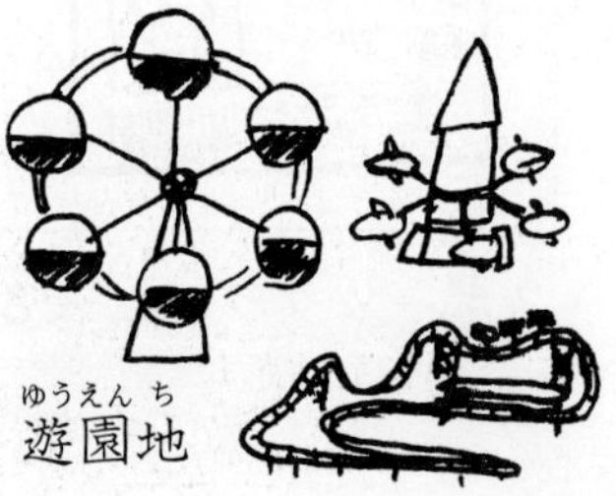

遊園地 　ビーチ 　工場

私たち（大統領）は＿＿＿＿＿＿＿＿＿＿＿＿＿＿＿＿＿＿＿を作ろうと思っています。

A 楽しい国　　　　　B きれいな国
C 観光客がたくさん来る国　　D 安全な国
E 子供やお年寄りに親切な国
F ＿＿＿＿＿＿＿＿＿＿＿

大統領の仕事

私たち（大統領）は＿＿＿＿＿＿＿＿＿＿＿＿＿＿＿＿＿＿＿つもりです。

＿＿＿＿＿＿＿＿＿を作る

＿＿＿＿＿＿＿＿＿は作らない

＿＿＿＿＿＿＿＿＿を無料にする

＿＿＿＿＿＿＿＿＿にお金をあげる

国民の規則

国民は　税金を払わ｛なくてはいけません。／なくてもいいです。｝

毎日学校へ行か｛なくてはいけません。／なくてもいいです。｝

 8 クッキーなら作_{つく}れます

● ちょっとれんしゅう

例_{れい}のように友達_{ともだち}にお願_{ねが}いしましょう。

例_{れい}) 圭子_{けいこ}さん、オムレツを作_{つく}ってください。

作_{つく}る

オムレツ

 ゆでたまご　　 目玉焼_{めだまや}き　　 スクランブル・エッグ

A

B

すみません。
オムレツは作_{つく}れませんが、目玉焼_{めだまや}きなら作_{つく}れます。

（すみません。オムレツは作_{つく}ったことがないんです。
でも、目玉焼_{めだまや}きなら作_{つく}れます。）

1. 作_{つく}る

ケーキ

プリン

クッキー

ドーナツ

パン

2. 作_{つく}る

カレー

ラーメン

サラダ

サンドイッチ
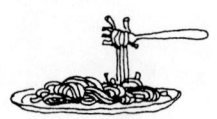
スパゲッティ

3.

手品をする　　歌を歌う　　ピアノを弾く　　ダンスをする　　スピーチをする

◆ たのしくはなそう

今度の日曜日に、友達の誕生日パーティーをします。
みんなで話し合って、係を決めてください。
楽しいパーティーにしましょう。

1. グループを作って、リーダーを決めます。

2. リーダー（A）は60ページ、リーダーじゃない人（B）は102ページを見てください。

3. グループで話し合いましょう。

4. あなたたちのパーティーについて、発表しましょう。
   どのグループのパーティーがいちばん楽しそうですか。

（リーダー）

A

1. 下の☐はパーティーの係です。
   他にどんな係がありますか。自由に考えて書いてください。

   ―――☆パーティーの係☆―――

   　　　　　　　　　　　　名前

   ● ケーキを作る　　　　（　　　）　　● ピアノを弾く　　　　（　　　）

   ● カクテルを作る　　　（　　　）　　● カラオケで歌う　　　（　　　）

   ● スピーチをする　　　（　　　）　　● 手品をする　　　　　（　　　）

   ● ＿＿＿＿＿＿＿　　　（　　　）　　● ＿＿＿＿＿＿＿　　　（　　　）

   ● ＿＿＿＿＿＿＿　　　（　　　）　　● ＿＿＿＿＿＿＿　　　（　　　）

   ● ＿＿＿＿＿＿＿　　　（　　　）　　● ＿＿＿＿＿＿＿　　　（　　　）

2. グループの人に係をお願いしてください。
   係が決まったら、（　　）に名前を書いてください。

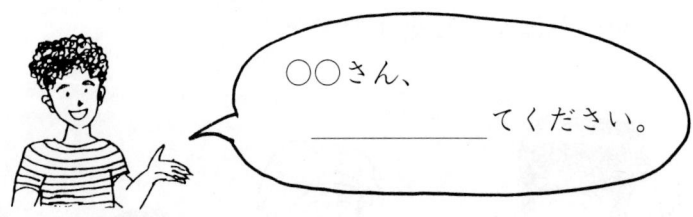

○○さん、
＿＿＿＿＿＿てください。

では、みなさん、よろしくお願いします。
私は司会をがんばってやります。

LESSON 9 何をあげますか

ちょっとれんしゅう

1 もらってうれしかったプレゼントは何ですか。

1	2	3	4	5

6	7	8	9	10

11	12	13	14	15

16	17	18	19	20

2 1．誰かの誕生日にあなたがあげたものは何ですか。どうしてそれをあげましたか。

| 誰に？ | | 何を？ | |

_____からです。

| 誰に？ | | 何を？ | |

_____からです。

2．例のように言いましょう。

例） 私は、妹の誕生日に映画のチケットをあげました。
妹が { その映画を見たがっていたからです。
       そのチケットをほしがっていたからです。

◆ たのしくはなそう

来月、XさんとYさんは、ヨットで世界一周の旅に出ます。二人に餞別をあげましょう。

1. 餞別を決めるための質問をします。Xさんと Yさんに聞きましょう。

例) ● 趣味は何ですか。／暇な時、何をしますか。
　　● 好きな食べ物は何ですか。／旅行中、食べ物はどうしますか。
　　● 旅行中、何がしたいですか。

2. ペアで餞別を決めます。XさんとYさんは、ほしいものを一つ決めます。

3. 発表しましょう。ペアで決めた餞別を言います。

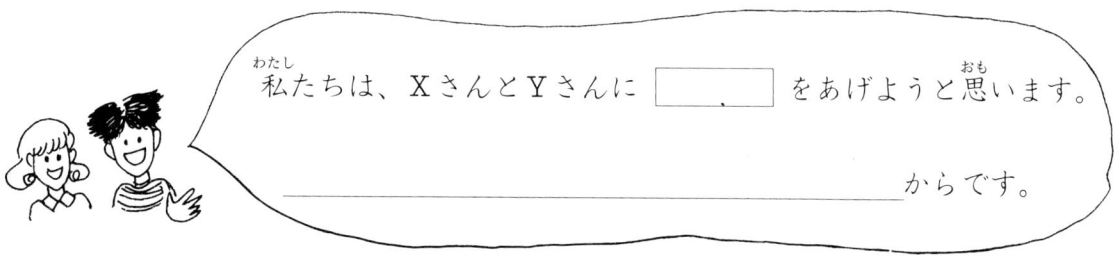

私たちは、XさんとYさんに　　　　　をあげようと思います。
　　　　　　　　　　　　　　　　　　　　　　　　　からです。

XさんとYさんがほしがっているものと同じでしたか。

LESSON 10 私（わたし）はプロ！

● ちょっとれんしゅう

1. 医者（いしゃ）

2. ガイド

3. サッカー選手（せんしゅ）

4. 歌手（かしゅ）

5. 教師（きょうし）

6. 船員（せんいん）

7. パイロット

8. アナウンサー

9. ファッションモデル

1 次の仕事をしている人は、どんなことに気をつけているでしょうか。
適当なものを選んでください。

医者　　　　　　　（　　　　）　　ガイド　　　　（　　　　）

サッカー選手　　　（　　　　）　　歌手　　　　　（　　　　）

教師　　　　　　　（　　　　）　　船員　　　　　（　　　　）

パイロット　　　　（　　　　）　　アナウンサー　（　　　　）

ファッションモデル（　　　　）

> 1. 変な日本語を話さないように注意しています。
> 2. 太らないように食事に気をつけています。
> 3. けがをしないように注意しています。
> 4. 船に酔わないように体調に気をつけています。
> 5. 風邪を引かないように気をつけています。
> 6. 目が悪くならないように気をつけています。
> 7. 歌詞を忘れないようにいつも練習しています。
> 8. お客さんが怒らないように気をつけています。

2　（仕事）の前は、どんなことをしておきますか。
　　いろいろな人になって、答えてください。

　例）　Q：手術の前はどんなことをしておくんですか。
　　　　医者：手を洗っておきます。

1．医者／手術の前
2．ガイド／仕事の前
3．サッカー選手／試合の前
4．歌手／コンサートの前
5．教師／授業の前
6．船員／出発の前
7．パイロット／フライトの前
8．アナウンサー／本番の前
9．ファッションモデル／ショーの前日

たのしくはなそう

1. いろいろな仕事の中から、あなたの仕事を一つ決めます。

2. ペアになって、インタビューの会話を作りましょう。

3. 他の人は二人の話を聞いて、職業を当てましょう。

1. いつも、どんなことに気をつけていますか。

2. (仕事)の前は、どんなことをしておくんですか。

3. やめたいと思ったことがありますか。

4. 休みの日は、何をしているんですか。

5. 将来の夢は何ですか。

LESSON 11 あの店にしよう！

ちょっとれんしゅう

1　まず、下の絵を覚えてください。
　　それから、絵を見ないで友達と例のように話しましょう。

〈二人が知っているレストラン〉　　　　〈二人が知っている人〉

ウエイター　ワイン　料理　サラダ・バー

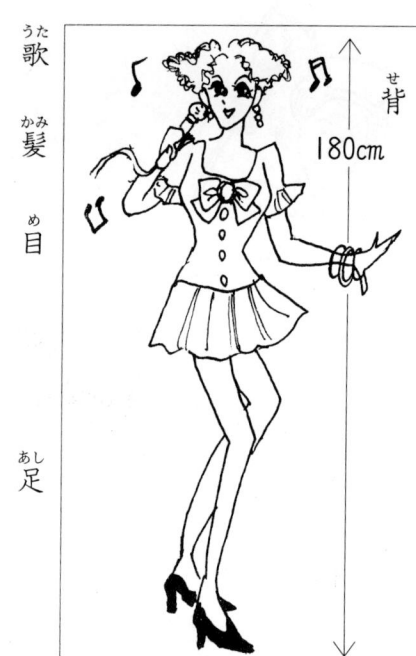

例）
{あの店は / あそこは} きれいですよね。

{あの店の / あそこの} 音楽は静かでいいですよね。

あの人はきれいですよね。

2 1. 友達が「店」を紹介してくれます。質問しましょう。

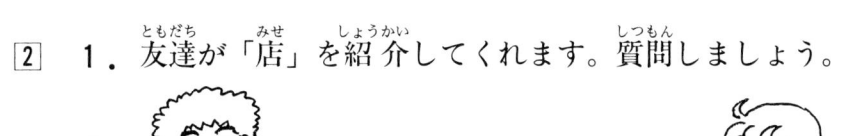

A 私がよく行く店は ＿＿＿＿＿＿＿＿ です。
　　　　　　　　　（店の名前）

B 例) その店はどこにありますか。
　　　その店の料理は { どうですか。
　　　　　　　　　　 どんな料理ですか。

・場所　　　　　　　　　　・料理
・料理の値段（高い）
・店の中（広い／きれい）　・定員
・サービス（いい）　　　　　　　など

2. 友達が「友達」を紹介してくれます。質問しましょう。

A 例) その人は何歳ですか。
　　　その人の仕事は何ですか。

B 私の友達は ＿＿＿＿＿＿＿＿ です。
　　　　　　（友達の名前）

・年齢　　　　　　　・仕事
・きれい／ハンサムか　・背（高い）
・どんな人か　　　　　　　　など

たのしくはなそう

あなたは今日友達と食事をします。
一緒に行く店を決めましょう。

1. ペアになりましょう。
   Aさんは71ページ、Bさんは103ページを見てください。

2. 二人で話し合って、行く店を決めてください。

3. どんな店へ行くか、みんなに発表しましょう。

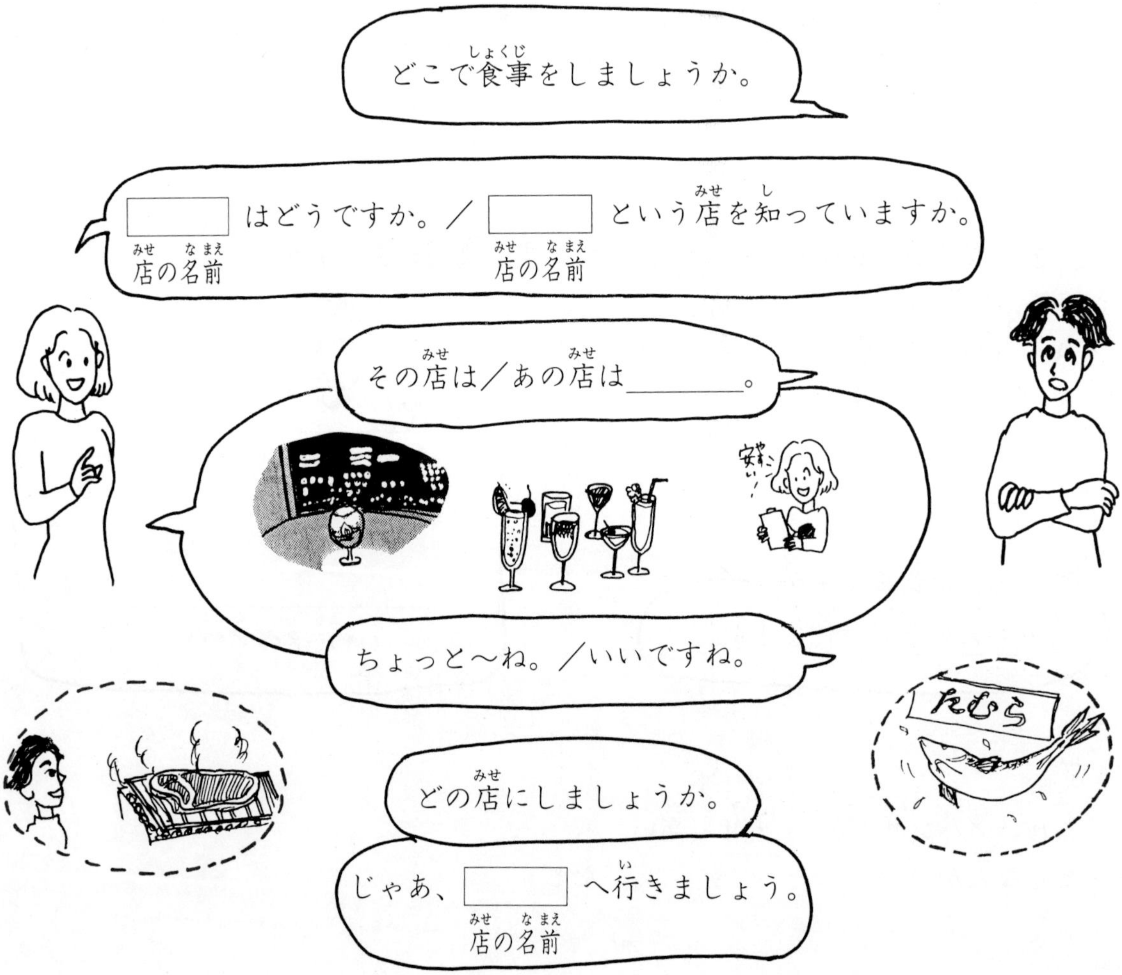

どこで食事をしましょうか。

　　　　　はどうですか。／　　　　　という店を知っていますか。
店の名前　　　　　　　　　　店の名前

その店は／あの店は　　　　　。

ちょっと〜ね。／いいですね。

どの店にしましょうか。

じゃあ、　　　　　へ行きましょう。
　　　　店の名前

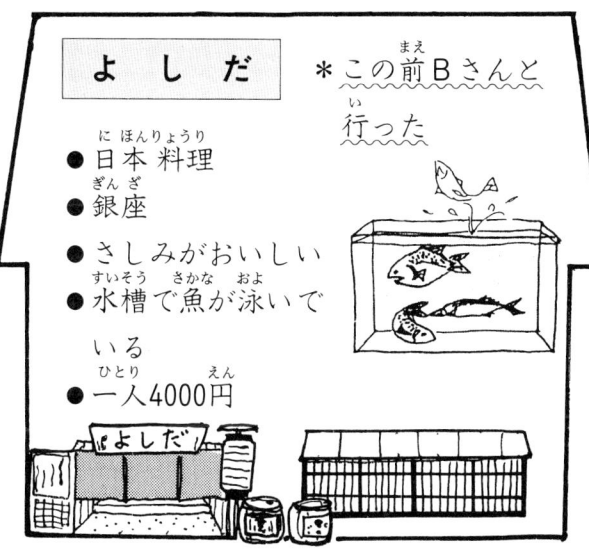

よしだ

＊この前Bさんと行った

- 日本料理
- 銀座
- さしみがおいしい
- 水槽で魚が泳いでいる
- 一人4000円

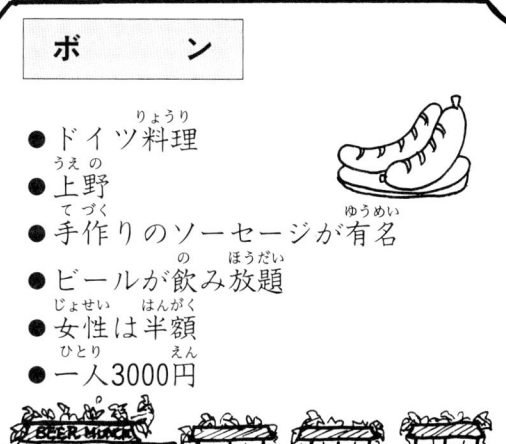

ボン

- ドイツ料理
- 上野
- 手作りのソーセージが有名
- ビールが飲み放題
- 女性は半額
- 一人3000円

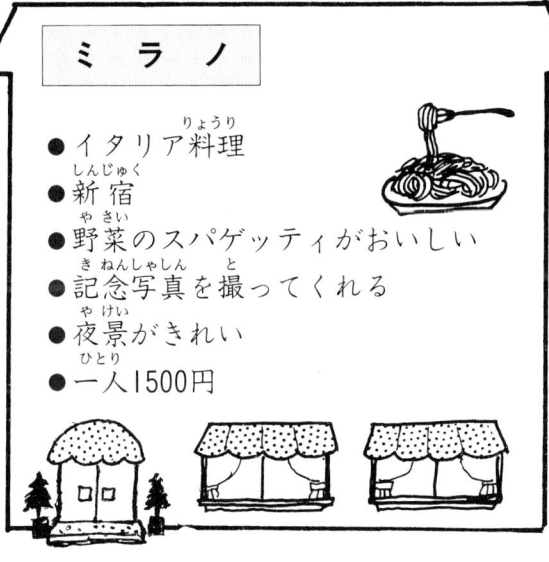

ミラノ

- イタリア料理
- 新宿
- 野菜のスパゲッティがおいしい
- 記念写真を撮ってくれる
- 夜景がきれい
- 一人1500円

☆他に知っている店を書いてください。

◆話し合いのメモ◆

つかってみよう！

● フィルムの現像やプリントをしたい時は…。

■ DPEショップで

同時プリント
焼き増し ｝お願いします。

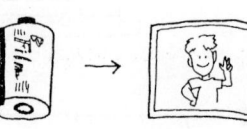 同時プリント

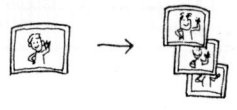 焼き増し

プリントの種類や大きさ

光沢
絹目
フチアリ
フチナシ ｝でお願いします。
L判
E判

■ ほかの場所で

〈郵便局〉

小包、お願いします。

速達
書留 ｝でお願いします。

LESSON 12 犯人は誰だ！

ちょっとれんしゅう

1 下の絵を見て、言いましょう。

例) 息子に花を折られました。

1.

2.

3.

2 この男の人は何をしたんでしょうか。どんな人でしょうか。考えて言いましょう。

例) 会社員のようです。

たのしくはなそう

この家に、留守の間にどろぼうが入りました。
家の人は家を出る前に、窓とドアの鍵を全部閉めました。

1. 絵を見て、どろぼうに何をされたか言いましょう。

台所

居間

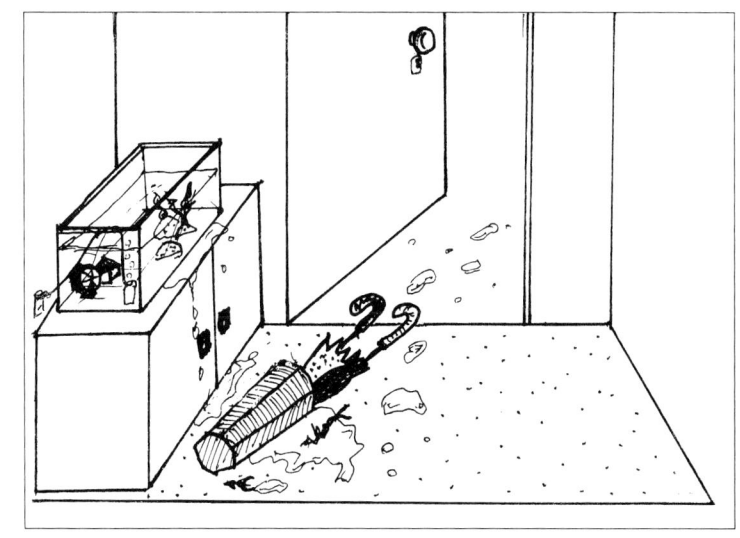

2．どろぼうについて考えて言いましょう。

(1) どろぼうは＿＿＿＿＿＿＿＿＿＿＿＿から入ったようです。

(2) どろぼうは＿＿＿＿＿＿＿＿＿＿＿＿ようです。((1)で出たものの他に)
　　　　　　　〈何をした？〉

(3) どろぼうは＿＿＿＿＿＿＿＿＿＿＿＿ようです。
　　　　　　　〈どんな人？〉

3．この中にどろぼうがいます。誰だと思いますか。
また、どろぼうはどうしてこんなことをしたと思いますか。
友達と考えましょう。

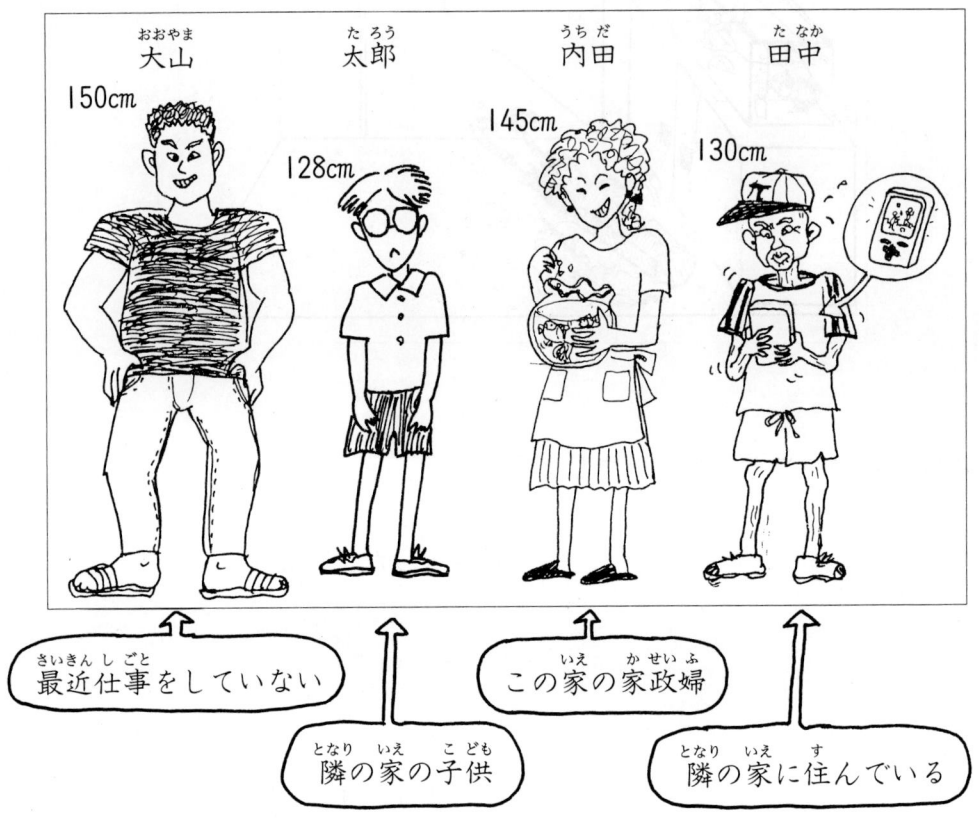

☞犯人は_____だ！

LESSON 13 X年後の世の中は？

ちょっとれんしゅう

1 右のものの中から、将来あるだろうと思うもの三つに○をつけて、例のように発表しましょう。

例) 将来は、『テレビ電話』が家庭でも会社でも使われているだろうと思います。

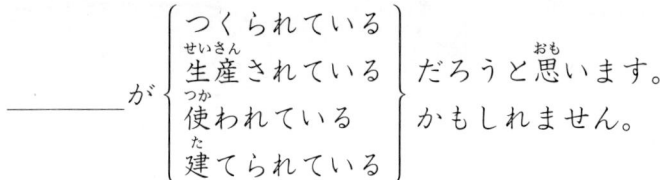

テレビ電話

2 それができたら、世の中はどう変わるでしょうか。

例) 〈テレビ電話〉家の中でもきれいな服を着るようになるかもしれません。

電話料金が高くなるかもしれません。

テレビ電話で授業ができるので、学校がなくなるかもしれません。

◆ たのしくはなそう

100年後、どんなものがつくられているでしょうか。
どう変わっているでしょうか。

1．グループで話し合いましょう。

2．発表しましょう。発表の時、絵をかいて説明してもいいです。

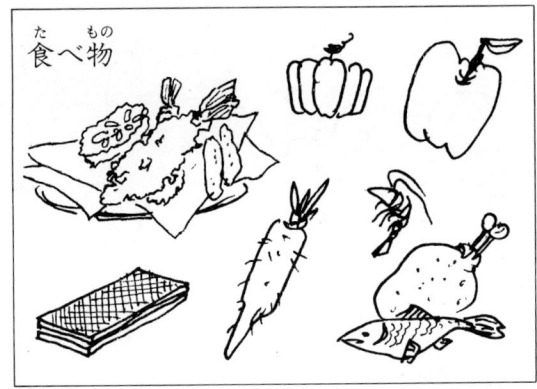

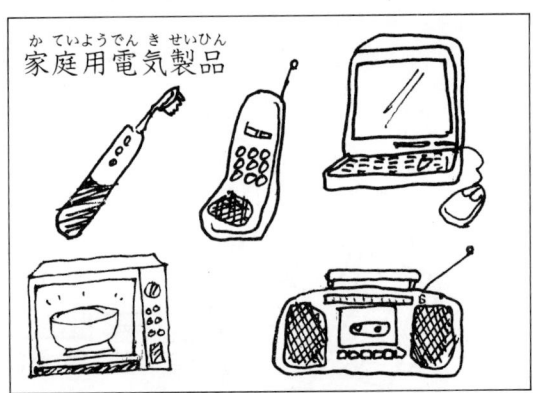

つかってみよう！

● レストランで困ったことはありませんか。

1. （また後で注文したい時：例　居酒屋など）

ご注文はよろしいですか。

ビールとソーセージ、とりあえずこれだけお願いします。

はい、ではまたお呼びください。

2.

すみません、スパゲッティはまだですか。

すみません、もう少しお待ちください。

3.

お待たせいたしました。ミックスピザです。

えっ、これは頼んでいないんですけど。

4.

ご一緒でよろしいですか。

すみません、別々にお願いします。

LESSON 14 海を見るなら

ちょっとれんしゅう

1. チンさんは日本を旅行します。どこに行くかまだ決めていません。いい所を紹介しましょう。

例） 
海を見に行きたいんですが…。

沖縄（海がとてもきれい）
江ノ島
…

チン：海を見に行きたい／それ　なら、沖縄へ行ったらどうですか。／沖縄はどうですか。
海がとてもきれいですよ。

1．日本のお寺を見たいんですが…。

京都（有名な寺が多い）
鎌倉
…

＿＿＿＿なら＿＿＿＿どうですか。
＿＿＿＿＿＿＿＿＿よ。

2．おいしい日本料理を食べたいんですが…。

築地（魚が新鮮だ）
京都
…

＿＿＿＿なら＿＿＿＿どうですか。
＿＿＿＿＿＿＿＿＿よ。

3. 電気製品を買いたいんですが…。

　　＿＿＿＿＿なら＿＿＿＿＿＿＿＿どうですか。
　　＿＿＿＿＿＿＿＿＿＿＿＿＿＿＿＿よ。

きょうと　京都
つきじ　築地
おきなわ　沖縄
かまくら　鎌倉
だいぶつ　大仏
えのしま　江ノ島

★今度あなたの国へ友達が遊びに来ます。いいところを紹介して、そこがどんなところか説明しましょう。

A：私は＿＿＿＿＿＿＿＿＿＿＿たいんですが…。
B：＿＿＿＿＿＿なら、＿＿＿＿＿＿たらどうですか。
A：そこはどんなところですか。
B：＿＿＿＿＿＿＿＿＿＿＿＿＿＿＿＿＿。

2 友達にアドバイスをしてください。

例) 今日、ハイキングに行くんです。

ハイキングに行く<u>なら</u>、
歩きやすい靴をはいて行った<u>ほうがいいですよ</u>。

1. 明日の午後から博物館に行くんです。

博物館に行くなら、
＿＿＿＿＿＿＿ほうがいいですよ。

2. 放課後、プールに行くんです。

＿＿＿＿＿＿＿なら
＿＿＿＿＿＿＿ほうがいいですよ。

3. 山の展望台に登るんです。

＿＿＿＿＿＿＿なら
＿＿＿＿＿＿＿ほうがいいですよ。

◆ たのしくはなそう

ここはさくら村です。自然が豊かな観光地です。

1. ペアになりましょう。

　　＊お客さん（A）…この村を観光しようと思っています。
　　　　　　　　　　観光案内所に相談して、どこへ行くか決めます。
　　　　　　　　　　今は1時です。日帰りなので、時間は4時間ぐらいあります。

　　＊観光案内所の係員（B）…お客さんにアドバイスをします。

2. お客さん（A）は86ページ、観光案内所の係員（B）は、18-19ページを見てください。

3. ペアで話しましょう。

1. どんな旅行がしたいか考えてください。

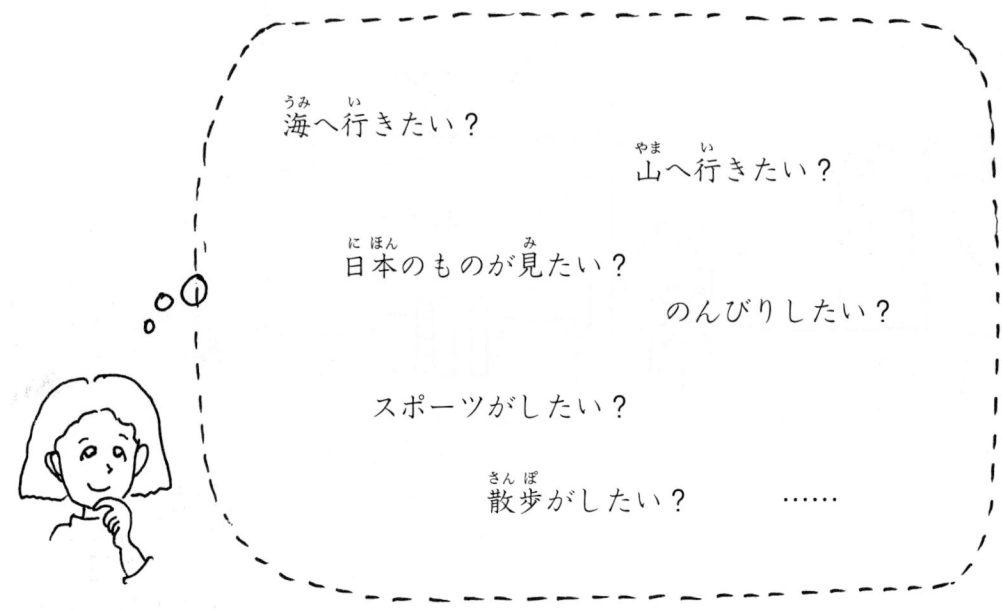

海へ行きたい？
山へ行きたい？
日本のものが見たい？
のんびりしたい？
スポーツがしたい？
散歩がしたい？ ……

2. 観光案内所の係員の人に相談して、どこへ行くか決めてください。

＊メモ＊

すみません、この辺をちょっと観光したいんです。
私は＿＿＿＿＿＿＿たいんですが…。

そこはどんなところですか。

他にはどんなところがありますか。

じゃあ、＿＿＿＿に行ってみます。

LESSON 15 仕事は大変！

● ちょっとれんしゅう

それぞれの立場になって、話してみましょう。

例)
私は学生に毎日予習をさせます。
授業の時、教科書を大きい声で読ませます。
月に一度、レポートを書かせます。

私は先生に毎日予習をさせられます。
授業の時、教科書を大きい声で読ませられます。
月に一度、レポートを書かせられます。

〈先生〉　　　　〈学生〉

1.  〈妻〉
   料理をする
   皿を洗う
   ごみを捨てる
    〈夫〉

2.  〈社長〉
   ゴルフ場の予約をする
   お酒の相手をする
   たばこを買いにいく
    〈秘書〉

3.  〈母〉
   料理を手伝う
   お花を習う
   お見合いをする
    〈娘〉

★ これ以外に誰が誰にどんなことをさせますか。誰が誰に何をさせられますか。

◆ たのしくはなそう

あなたはアルバイトをしています。そこへ、アルバイトをしたいという人が来ました。その人が入ると、給料が減るかもしれません。その人が入らないように、話をしましょう。

１．２〜３人のグループになります。みんなでアルバイトの種類を決めます。

〈アルバイト〉
- ハンバーガーの店の店員
- 翻訳アシスタント
- スーパーの定員
- 会社の事務員
- レストランの皿洗い
- 外国語の先生
- ＿＿＿＿＿＿＿＿＿＿

- 喫茶店の店員（ウエイター、ウエイトレス）
- 花屋の店員
- 運送屋の運転手
- 居酒屋の店員
- カラオケボックスの店員
- プールの監視員
- ＿＿＿＿＿＿＿＿＿＿

2．グループで、仕事の大変さがわかるような話を作ります。

あなたの職場ではどんなことをさせられますか。

例)
- [ ] そうじをする
- [ ] あいさつの練習をする
- [ ] ＿＿に手紙を書く
- [ ] 冷たい水で野菜を洗う
- [ ] テーブルの準備をする
- [ ] 毎日コップをみがく
- [ ] 夜遅くまで仕事をする
- [ ] (　　　　　　)
- [ ] (　　　　　　)
- [ ] (　　　　　　)
- [ ] 長い時間ワープロを打つ
- [ ] お茶を出す
- [ ] 洗濯をする
- [ ] ＿＿に電話をする
- [ ] 買い物をする
- [ ] 朝早く来る
- [ ] (　　　　　　)
- [ ] (　　　　　　)
- [ ] (　　　　　　)
- [ ] (　　　　　　)

3．仕事の大変さを話しましょう。

いちばん大変なアルバイトはどれですか。

つかってみよう！

● 美容院や床屋に行って困ったことはありませんか。

■ 髪型を説明する時、いちばん簡単な方法は…

「こんなふうにしてください。」→

■ もう少しくわしく説明する時は…

＊前髪

「眉毛がかくれるくらいにしてください。」→
（長めにしてください。）

「眉毛がみえるくらいにしてください。」→
（短めにしてください。）

＊横（もみあげ）

  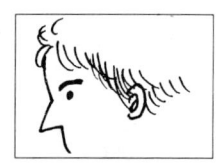

「まっすぐにしてください。」　「ななめにしてください。」　「ふつうにしてください。」

＊「後ろをかりあげてください。」　　　　「段をつけてください。」

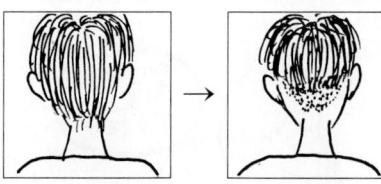 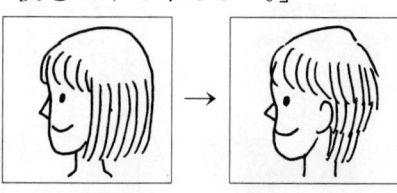

「すいてください。」　　　　　「そろえる程度にしてください。」（毛先だけカットしてください。）

 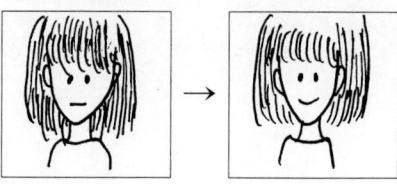

つかってみよう！

● 友達がいつもと違います。理由を聞いてみましょう。

例1）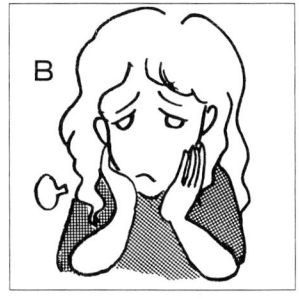

A（あなた）：どうしたんですか。
B：テストの点が悪かったんです。
A：そうですか。むずかしかったんですか。
B：ええ……。
A：今度がんばってください。

例2）

A：どうしたんですか。
B：自分で作ったんです。
A：へえ、上手ですね。
　　デザインも自分で考えたんですか。
B：そうなんです。
A：いいですね。

1.

2.

3.

4.

5.

6.

| こんな時どう言いますか？ |

電話のかけ方

◆ あなたならどうしますか

吉田良子さんは明日、佐藤さんとプールに行く約束をしました。

佐藤武さん

吉田良子さん

◆ 話してみましょう：電話をします。その人は家にいるかどうかわかりません。

1. 友達の 阿部 京子 さん に

「今日のパーティーに少し遅れます。」

2. 友達の 山田 弘 さん に

「明日の待ち合わせの時間は7時です。」

3. 友達の 小川 明子 さん に

車が壊れてしまったので明日ドライブに行けません。

4. 友達の 村田 敬子 さん に

間違えて、敬子さんの教科書を持って帰ってしまいました。明日返します。

5. 友達の 鈴木 明 さん に
（鈴木さんは今日学校へ来なかった）

今日、「将来」という作文の宿題が出ました。明日、出さなくてはいけません。

6. 担任の 西村 守 先生 に（先生のうちに電話する）

明日、ビザのことで入国管理局（入管）へ行くので、学校を休みます。

◆電話のかけ方

A：もしもし、○○さんのお宅ですか。／B：はい、○○でございます。
　　　　　（相手の名字）　　　　　　　　　　　（名字）

B：はい。

A：（あのう、）私は■■と申しますが、
　　　　　　　　（自分の名前）
　｛△△さんはいらっしゃいますか。
　｛△△さんをお願いしたいんですが…。
　　（相手の名前）

B：はい、××です。
A：あっ、間違えました。
　　どうもすみません。
B：いいえ。

いる →
B：はい。
　　少々お待ちください。

いない →
B：△△は今おりませんが。
A：そうですか。
　　何時ごろお帰りになりますか。

本人 →
B：私です。

わかる →
B：〜時ごろ帰ると言っておりましたが。

わからない →
B：さあ、ちょっとわかりませんが。

もう一度電話する
A：そうですか。じゃ、また
　｛あとで　　｝お電話い
　｛〜時ごろ　｝たします。

伝言を頼む
A：そうですか。じゃ、
　　すみませんが、■■から
　　　　　　　　　（自分の名前）
　　電話があったこと
　　お伝えください。

長い伝言を頼む
A：そうですか。すみませんが、
　　伝言をお願いしても
　　いいですか。
B：ええ、どうぞ。
A：「　　　　　　」と
　　お伝えください。
B：はい、わかりました。
　　すみませんが、もう一度
　　お名前をお願いします。
A：■■です。
　　（自分の名前）

B：わかりました。
A：じゃ、失礼します。
B：失礼します。

◆モデル会話

吉田良子さんが友達の佐藤武さんに電話をします。

吉田良子　：もしもし、佐藤さんのお宅ですか。
佐藤武の母：はい。
　良子　　：私は吉田と申しますが、武さんはいらっしゃいますか。
　武の母　：武は今、おりませんが。
　良子　　：何時ごろお帰りになりますか。
　武の母　：さあ、ちょっとわかりませんが…。
　良子　　：そうですか。すみませんが、伝言をお願いしてもいいですか。
　武の母　：ええ、どうぞ。
　良子　　：明日、二人でプールに行く約束をしていたんですが、
　　　　　　風邪をひいているので行けないとお伝えください。
　武の母　：はい。わかりました。
　　　　　　すみませんが、もう一度お名前をお願いします。
　良子　　：吉田です。
　武の母　：吉田さんですね。武の学校のお友達ですか。
　良子　　：はい、そうです。
　武の母　：ああ、そうですか。
　良子　　：じゃ、よろしくお願いします。失礼します。
　武の母　：失礼します。

> こんな時どう言いますか？

謝り方

◆あなたならどうしますか

山田さんは講義で会う先輩です。ときどき話をします。

山田さん

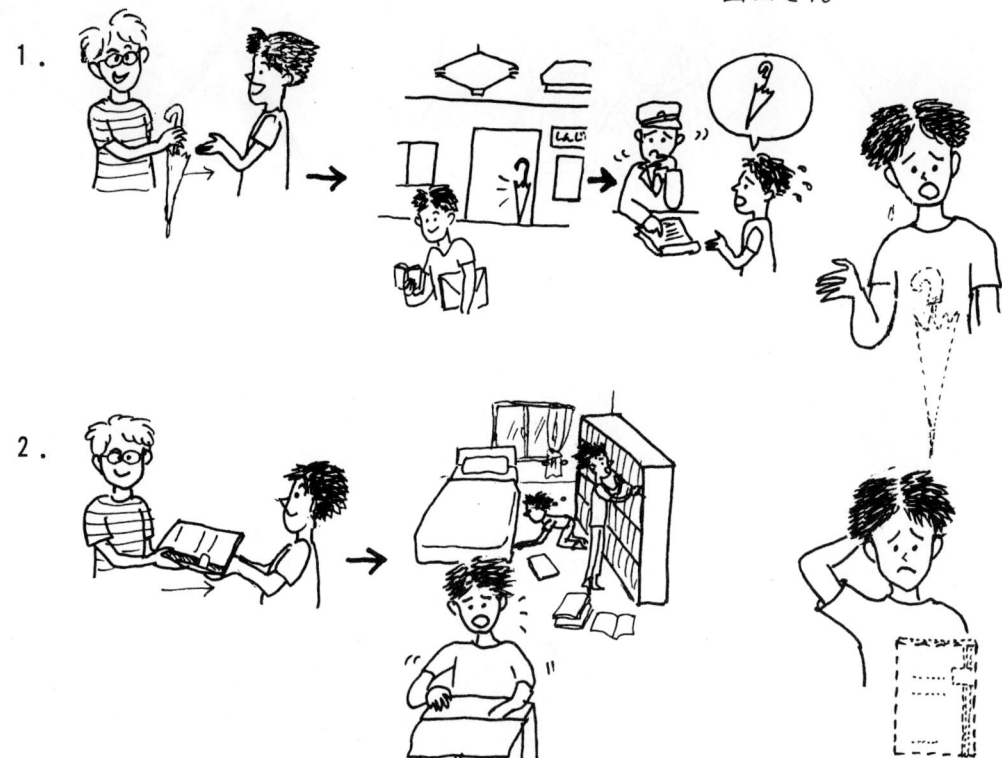

★謝る時何と言いますか。

◆話してみましょう：先輩に謝りましょう。

1. 昨日借りた辞書を
なくしてしまいました。
部屋の中を捜しましたが
どこにもありませんでした。

2. 昨日借りた講義のプリントを
食堂に忘れてしまいました。
さっきとりに行きましたが
もうありませんでした。

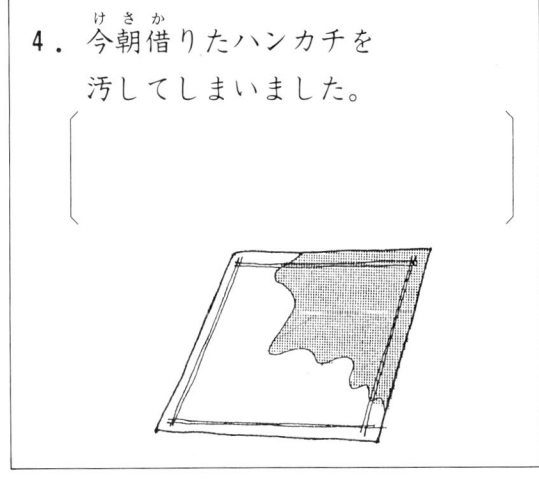

3. 先週借りたドラマのビデオを
なくしてしまいました。

〔　　　　　　　　　　　　〕

4. 今朝借りたハンカチを
汚してしまいました。

〔　　　　　　　　　　　　〕

5. 預かっていた犬が
いなくなってしまいました。

〔　　　　　　　　　　　　〕

6.

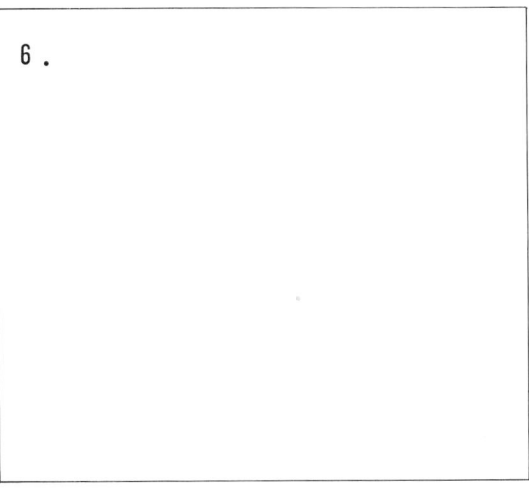

◆謝り方

例) 先輩から借りた傘を電車の中に忘れました。
駅員に連絡しましたが、見つかりませんでした。

| まず謝る | A：あのう、大変申し訳ないんですが…。 |

B：はい、何ですか。

| 話を始める (何について謝るか) | A：昨日お借りした傘のことなんですが…。 |

B：ええ。

| 説明する | A：実は、電車の中に忘れてしまったんです。 |

B：ああ、そうですか／え、本当ですか。

A：駅員さんに連絡したんですが、

見つからなかったんです。

| もう一度謝る | A：本当にどうもすみません。 |

| これからどうするか言う | A：新しいのを買ってお返しします。 |

B：いいえ、いいですよ。

気にしないでください。

Bの人が使うページ

B れんしゅう⑦　はい、いいえ

1.
2.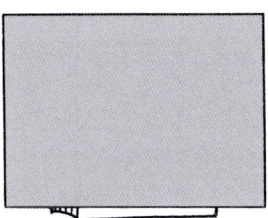
3.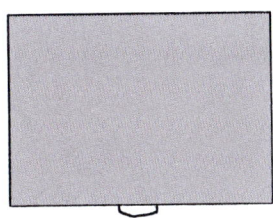
4.
5.
6.
7.
8.

B　れんしゅう⑧　部屋

● 友達に聞きましょう。

例）いすの下に何がありますか。　　くつがあります。

6 待ち合わせ

1. 待ち合わせをする喫茶店への
   行き方を聞いてメモしましょう。

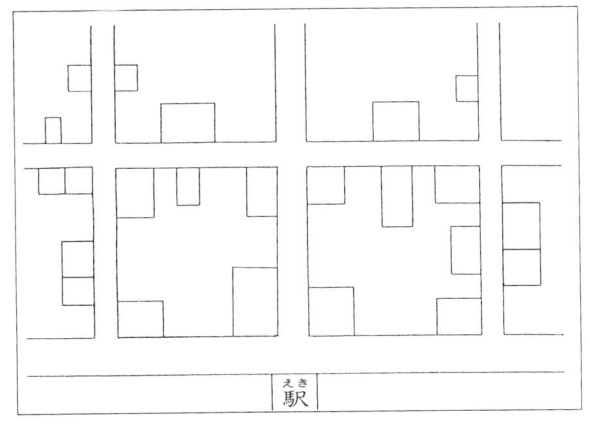

   メモ

2. どんな服を着ているかＡさんに質問しましょう。どの人がＡさんですか。

B 8 クッキーなら作れます

● リーダーがあなたにお願いをします。自分ができることは引き受けます。
できないことは断って、代わりにできることを言ってください。

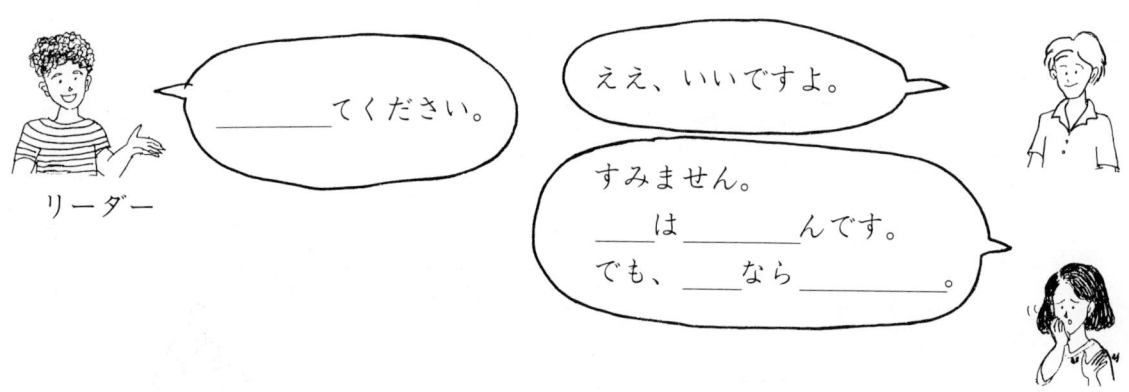

リーダー
_____てください。
ええ、いいですよ。
すみません。
___は_____んです。
でも、___なら_____。

1. 下の絵の中で、できることには○を、できないことには×を書いてください。

ピアノを弾く　カラオケで歌う　招待状を作る　部屋の飾り付けをする

手品をする　カクテルを作る　花を生ける　ゲームの用意をする

2. 他にあなたができることを書いてください。

・_____
・_____
・_____

B 11 あの店にしよう！

よしだ
＊この前Aさんと行った
- 日本料理
- 銀座
- さしみがおいしい
- 水槽で魚が泳いでいる
- 一人4000円

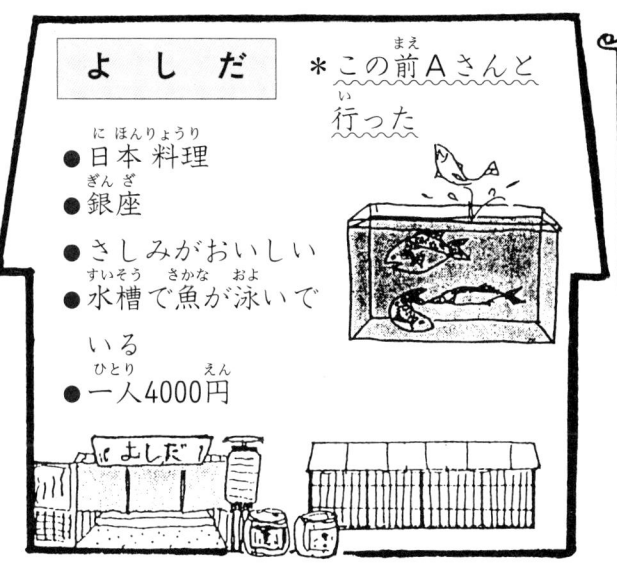

サリー
- インド料理
- 渋谷
- へびのショーがおもしろい
- 珍しいカレーがある
- いつも満員
- 一人2000円

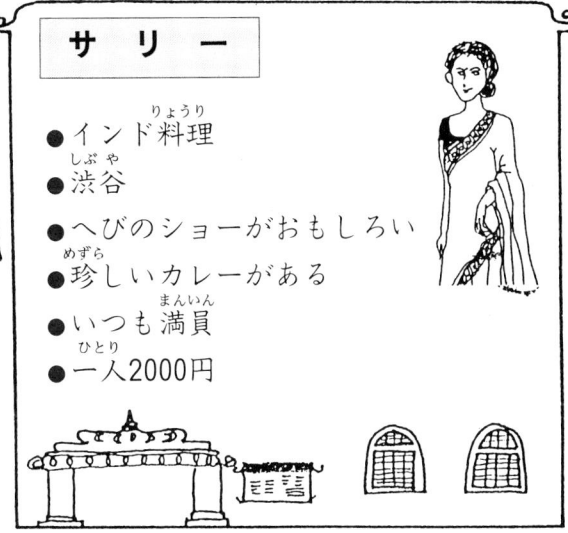

セーヌ
- フランス料理
- 新宿
- ケーキがおいしい
- 広くて明るい
- 女性にはバラをくれる
- 一人3500円

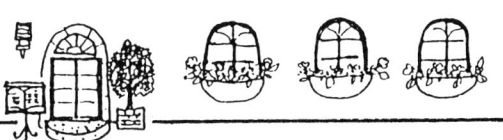

☆他に知っている店を書いてください。

◆話し合いのメモ◆

교사용 매뉴얼

●数字

1) 絵の中にかくれている数字を捜すように指示する。
   制限時間内に誰が一番多く捜せるか競わせてもいい。
2) 絵を拡大して下の図のように線を引き、九つのブロックに分けたものを用意しておき、それを見せながら、ブロックごとにどんな数字があるか学習者に言わせる。また、教師が数字を言い、学習者に「A1」というようにその数字がある場所を言わせることもできる。
   *クラスを二つに分け、グループ対抗で競わせてもいい。
3) 間違えやすい数字の読み方を確認する。

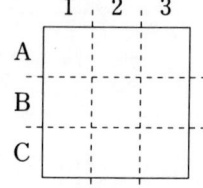

●かぞえましょう

1) どんなものを「ひとつ」「ふたつ」と数えるか、例をあげる。また、それが大抵「～個」でも言えることを押さえる。
2) 2.それぞれの序数詞で1から10まで音読練習をさせる。
   *一通り確認後、教師が数字カードなどで数字を示し、「バナナ」などと物を言い、学習者に「～本」と答えさせる練習もできる。
3) 1から20の絵を使って練習させる。
   *教師が適当な番号をあげて、学習者に答えさせてもいい。
4) 『お花見』（P.16、17）
   「桜の木は何本ありますか。」「8本あります。」又は「桜の木は？」「8本」というように練習する。
   *レベルによって「スカートをはいている人」「めがねをかけている人」などの聞き方もできる。

れんしゅう1　　時間①

1) 「時差」について説明する。
2) クラス全体で世界地図などで国の位置を確認し、国名を発音させる。
3) 各国の人の絵の裏に時差を書いたものを用意しておき、学習者一人一人に配る。
   *日本を基準にした時差

フィリピン：－1	フランス：－8	タイ：－2
オーストラリア(シドニー)：＋1	ケニア：－6	イギリス：－9
ブラジル(リオデジャネイロ)：＋12	インド(カルカッタ)：－3.5	エジプト：－7

4) 日本の現在の時刻を提示し、学習者に自分に与えられた国の時間を計算させる。
   午前／午後の言い方は学習者の能力に応じて導入する。
5) 他の学習者の質問にその国の人になったつもりで答えるように指示し、人の絵を胸に貼らせる。
6) 例を用いて、文型を確認する。
7) クラスで一斉に時間を質問し合い、時間を書き込ませる。

8)クラス全体で各国の時間を確認する。

れんしゅう2　　時間②

1) 1〜4の「私の国」に自分の国での時間を書かせる。
2) 例を用いて、文型を確認する。
　　学習者の能力に応じて、(　　)の確認の言い方も導入し、練習させる。
3) クラスで一斉に質問し合い、時間を書き込ませる。
4) クラス全体で各国での時間を確認する。

れんしゅう3　　数字とひらがな

1) 例を用いてやり方を説明する。
2) 1〜7の単語の発音と意味を確認する。
3) ペアで練習させる。
4) クラス全体で答えを確認する。
　＊このゲームは学習者にひらがなが十分定着してから行ったほうが効果的だと思われる。
　＊既習度の高い学習者には、問題を作らせることもできる。

れんしゅう4　　値段

❶ 1) 表中の単語の発音と意味を確認し、表右下の空欄に自分の調べたいものを書かせる。
　2) ページ右上の値段の聞き方を導入する。
　3) 宿題として表中のものの値段を店の人に聞いて来るように指示する。
　　＊クラスのレベルや環境によって、いくつかの使い方が考えられる。
　　〈使用例〉・店で値段を書き写して来るように指示する。
　　　　　　・学習者をいくつかのグループに分ける。表中のものを各グループに配分し、グループで調べさせる。または各グループ内で分担させる。
　　　　　　・教師が予め値段を書いたインフォメーション・ギャップのあるシートを用意する。
　4) クラス全体で調べてきた値段を聞いてみる。ペアやグループで質問し合ってもいい。
❷ 1) 例を用いて、店で買い物をする時の言い方を導入する。
　2) ペアで店員と客の役になって練習させる。5、6は自由に作らせて言わせる。
　3) 何組かのペアに発表させる。

れんしゅう5　　誕生日

❶ 1) 質問の文型を導入する。　A：〜さん、誕生日はいつですか。
　　　　　　　　　　　　　　　B：○月×日です。
　2) できるだけ多くの人の誕生日を聞き、カレンダーに名前をメモするように指示する。

3)クラスで一斉に質問し合わせる。
　　　＊制限時間を決めて、何人に聞けたか数を競わせてもいい。
　　4)何人かに発表させる。
❷　教師と学習者で「一年間のスケジュール」を使って問答し、カレンダーに書き込ませる。
　　　＊テスト、パーティーについては適当なものを教師が考えておく。

れんしゅう6　　リンさんの時計

❶　1)表中の形容詞がどんな名詞を形容するかあげさせる。
　　2)表の（　）に適当な名詞を考えて書かせる。
❷　1)やり方を説明する。何人かの人に質問し、「はい」と答える人を捜す。「いいえ」と答
　　　えられた場合は他の人に同じ質問をするように指示する。
　　2)例を用いて、文型を確認する。
　　3)クラスで一斉に質問し合い、名前を書き込ませる。
　　4)何人かに発表させる。

れんしゅう7　　はい、いいえ　　A、B共通ページ　P.27
　　　　　　　　　　　　　　　　Aのページ　P.28　Bのページ　P.99

　　1)例のページを用いて、やり方と文型を確認する。絵が一部分しか見えない方の学習者
　　　が何が隠れているか想像して相手に質問する。
　　2)ペア（AとB）を作り、それぞれのページを開かせる。
　　　相手のページを見ないように指示し、ペアで互いに質問し合わせる。
　　3)教師と学習者で問答し、答え合わせをする。
　　　＊学習者に紙などに絵を書かせ、出題させてみてもいい。

れんしゅう8　　部屋　　Aページ　P.29　Bのページ　P.100

　　1)ペア（AとB）を作り、それぞれのページを開かせる。相手のページを見ないように
　　　指示する。
　　2)例を用いて、やり方と文型を確認する。
　　3)ペアで練習させる。
　　4)教師と学習者で問答し、答え合わせをする。

れんしゅう9　　何をしますか

❶　1)例の「赤ちゃん」を用いて、説明する文をいろいろ引き出す。
　　2)クラス全体で1～3について話す。ペアで考えて発表させてもいい。
　　3)4では説明を聞いて、それが何であるか答える。解答は魚である。次の活動への導入
　　　となるので、教師は他にも例を用意し、学習者に当てさせてみるといい。
❷　1)□に自分が説明したいものの絵を描かせ、説明の文を考えさせる。

2)ペア（AとB）を作る。相手に絵を見せずに説明させ、聞いている学習者には何について説明しているのか当てさせる。
　＊発話の形は二通り考えられる。
　　・A：説明を一文ずつ言う→B：当てる
　　　　（すぐ当てられないような説明から言えるとおもしろくなる。）
　　・B：質問する→A：答える→B：当てる
　　　〈例〉B：歩きますか。　　　　B：××を食べますか。
　　　　　　A：はい、歩きます。　　A：いいえ、食べません。
3)クラス全体で何人かに自分の描いた絵について説明させ、全員で答えを当てる。

|れんしゅう10|　　友達

❶　表中の（　）に、自分の好きな物、よくすることなどを書かせる。6は自由に書かせる。
　〈例〉よく映画を見ます。／散歩が好きです。
❷　1)やり方を説明する。友達にインタビューし、自分と同じ答えだった場合は○、違う場合は×を表に書くように指示する。
　　2)3、4人にインタビューさせる。
❸　インタビューの結果を各自で集計させる。

LESSON 1 どうでしたか

▷旅行などの簡単な感想が聞けるようになる。
▷形容詞の過去形を使って、簡単な感想が言えるようになる。

|はじめる前に|　休みの日に何をしたか、何人かに聞く。できるだけ「どうでしたか。」を使って聞き、学習者に「どうでしたか。」を使う状況を理解させるといい。

●ちょっとれんしゅう　教師がA、学習者がBとなり、会話の流れを一つずつ確認し、十分練習させる。「(場所)へ行く」しか学習していない場合は、「(パーティー等)に行く」の助詞「に」について導入する。
「でも」でつなぐ文は、「～が、～」でも練習させる。
〈発話例〉
・ええ、山に行きました。→とてもきれいでした。でも疲れました。
　→あまりよくありませんでした。→ええ、よく行きます。
・ええ、海に行きました。→楽しかったです。でも人が多かったです。
　→よかったです。→いいえ、あまり行きません。
・ええ、パーティーに行きました。→にぎやかで楽しかったです。
　→とてもおいしかったです。→いいえ、あまり行きません。
・いいえ、どこへも行きませんでした。→本を読みました。→日本の小説です。→おもしろかったです。→ええ、よく読みます。

◆ たのしくはなそう　　1) 1～6の中から一つ選んで、教師と学習者でやり方を確認する。
　　　　　　　　　　　　Bの答えをみてAは質問を考えなくてはいけない。
　　　　　　　　　　　2) ペアで練習させる。
　　　　　　　　　　　　＊クラスのレベルによっては1から4まで教師主導で練習したほ
　　　　　　　　　　　　　うがいい場合もある。
　　　　　　　　　　　　　学習者の能力に応じて5、6を使って自由に会話を作らせる。
　　　　　　　　　　　3) ペアで一つ選んで発表させる。

LESSON 2 ルームメイト

▷「～てもいいですか」「～てください」を使って、許可を求めたり、依頼したりできるようになる。
▷動詞の現在形などを使って、相手の趣味や習慣などが尋ねられるようになる。

　はじめる前に　　　今住んでいるところについて聞く。寮に住んでいる学習者がいる場合は、規則などについても聞いてみる。もし友達と一緒に住むなら部屋で何をしてもいいか、何をされるのは困るか考えさせるといい。

● ちょっとれんしゅう　1) 状況を説明する。
　　　　　　　　　　　2) 文型と絵の見方を確認する。
　　　　　　　　　　　3) ペアで練習をさせる。
　　　　　　　　　　　4) クラス全体でルームメイトに他にどんなことを質問したいか言わ
　　　　　　　　　　　　せてみる。
　　　　　　　　　　　　＊ここでいろいろ引き出しておくと、◆ たのしくはなそう の内容が
　　　　　　　　　　　　　豊かになる。

◆ たのしくはなそう　　1) クラス全体で設定を確認する。ルームメイトになってくれる人を
　　　　　　　　　　　　探すために友達にインタビューする。それをもとに相手の条件や
　　　　　　　　　　　　生活習慣などを考えた上でルームメイトを決める。住む家はどち
　　　　　　　　　　　　らの家でも条件のいいほうでいい。
　　　　　　　　　　　2) 質問の表について説明し、各自質問を考えさせ、記入させる。
　　　　　　　　　　　　2は書いてあるキュー以外の質問も考えられるといい。
　　　　　　　　　　　　5は一緒に住む上で聞いておきたいことなどを自由に考えさせ
　　　　　　　　　　　　る。
　　　　　　　　　　　3) クラスを質問する側と答える側の二つに分け、会話をさせる。
　　　　　　　　　　　　3、4人と話したところで役割を交替させる。
　　　　　　　　　　　4) 活動終了後、誰とルームメイトになりたいか聞く。意見が合った
　　　　　　　　　　　　ペアにはその人のうちでは何をしてもいいのかを言わせ、意見が
　　　　　　　　　　　　合わなかったペアにはどうしてだめなのか聞いてみる。
　　　　　　　　　　　　＊学習者の能力に応じて、一緒に住むことになったペアに、どち
　　　　　　　　　　　　　らの家に住むことにするか話し合わせたり、二人のルールなど
　　　　　　　　　　　　　を決めさせたりしてみてもいい。

LESSON ③ 便利になりましたね

▷過去と現在を比べ、「～くなる」「～になる」を使って変化したことについて言えるようになる。
▷変化した事柄に対して意見を求めたり述べたりすることができるようになる。

はじめる前に　昔と今の違いについて考えさせる。何が変化したかを簡単に述べさせる。雑誌のグラビア写真などを見せて比べさせてもいい。

ちょっとれんしゅう　1と2の絵を用いて、何が変化したかをいくつか自由に言わせる。
〈発話例〉1．服がきれいになりました。／太りました。
　　　　　2．画面が大きくなりました。／薄くなりました。

たのしくはなそう
1. 1)絵を見て、変化したことを自由に言わせる。
　〈変化したもの〉遊び、子供の様子、車、ビル、電気製品、
　　　　　　　　　和室と洋室、川、人、など
　2)変化したことについてどう思うかなどの考えも少し聞いておく。

2. 1)各学習者に1.の中で出たことの中から一つインタビュー項目を選ばせる。
　　＊学習者の能力に応じて、答えやすい項目を教師がいくつか取捨選択して与えたほうがいい。
　2)やり方を説明した後、下の例を示すなどして、インタビューをする側、される側の必要な表現を押さえる。
　〈例1〉インタビューする側：最近、車が多くなりましたね。どう思いますか。
　　　　インタビューされる側：そうですね。いいと思います。
　　　　インタビューする側：どうしてですか。
　　　　インタビューされる側：便利だからです。
　〈例2〉インタビューする側：最近、車が多くなりましたね。どう思いますか。
　　　　インタビューされる側：そうですね。あぶないし、空気がきたなくなるからあまりよくないと思います。
　3)クラスで一斉に5～10人にインタビューさせる。
　　＊3人ぐらいのグループを作り、分担してインタビューして集計させるという方法をとってもいい。

3. 1)インタビュー終了後、結果を発表させる。必要なら発表準備をさせる。
　2)インタビューの結果について、少し話し合わせる。

LESSON 4 どちらのほうがいいですか

▷比較の文型を使って、長所が言えるようになる。
▷いいと思うものを主張することができるようになる。

はじめる前に 　実物や写真などを使って、どちらがいいか比べさせる。広告を見せて、商品の良さを主張する時に他の商品と比べることがあることを紹介するといい。

●ちょっとれんしゅう
1) 例を用いて表現を確認し、二つのものを比べて言わせてみる。値段や重さなど以外のことも引き出す。
　＊「マイクがあるから便利だ」「リモコンがあるから便利だ」のように、絵から判断して言わなくてはならないものもある。
2) ペアで1と2について、どちらがいいかあるいはどれがいいかを話し合わせる。
　〈発話例〉　1．(a)夜安心だからです。
　　　　　　　　(b)あまりご飯を食べないからです。
3) 何組かのペアに1についてはどちらがいいか、2についてはどれがいいかを言わせてみる。

◆たのしくはなそう
1) 全体で設定を確認する。友達同士で一泊二日の旅行に行くため、旅行先、手段、宿泊先を決める。
2) やり方を説明し、ペアを作る。1を使って教師と学習者で間答し会話例を示す。それがいいと思うものを選び、いい点を相手より多くあげるようにする。いい点が多くあがった方に決める。
3) ペアで会話をして、1～3について(a)か(b)かを決めさせる。
4) 結果を発表させる。各ペアで選んだものがそれぞれ違っていたら、それに決めた理由を言わせる。
　＊学習者の能力に応じてディベートのように使うこともできる。

〈モデル会話〉（AさんとBさんが旅行先を話し合っている。）
A：私はサンビーチ<u>のほうがいい</u>と思います。
　　きれいなホテルもある<u>し</u>、プールもある<u>から</u>です。
B：私はさくら海岸<u>のほうがいい</u>と思います。
A：どうしてですか。
B：人が少ない<u>ので</u>、海がきれい<u>だから</u>です。
A：でも、店がたくさんある<u>から</u>、サンビーチ<u>のほうが</u>便利ですよ。
B：でも、さくら海岸<u>のほうが</u>貝がたくさんありますよ。
A：でも、サンビーチ<u>のほうが</u>楽しいですよ。テニスコートもあります<u>から</u>。
B：いいえ、さくら海岸<u>のほうが</u>静かですよ。
A：……。
B：<u>じゃあ</u>、さくら海岸にしましょう。

LESSON 5 ドライブにいきませんか。

▷「〜んですが、〜ませんか」「〜そうです」などの文型を使って、上手に人が誘えるようになる。

はじめる前に

人を誘う時、例えば映画に誘いたいときはどう言うか、聞いてみる。学習者から「映画に行きませんか。」と出たら、いきなり「〜ませんか。」と誘うのは唐突だから、前置きがあったほうがいいと説明する。

ちょっとれんしゅう

1) 例を見せて絵と会話の関係をよく理解させる。
   特に「富士山はきれいですよ。」と言ったのが第三者であることを確認する。
2) 全体で1から4までの発話を確認して練習させる。
   Bが「どんな〜」と聞く場合と「何が〜」「どこ〜」「いつ〜」と聞く場合の違いを押さえる。
   〈発話例〉1. コンサートのチケットがある（をもらった）んですが、行きませんか。→クラシックのコンサートです。とてもいいコンサートだそうですよ。
   2. 友達がレストランでアルバイトをしているんですが、食べに行きませんか。→フランス料理のレストランです。魚料理がおいしいそうですよ。
   3. 文化デパートでバーゲンセールをしているんですが、行きませんか。→服やカバンが半額だそうですよ。
   4. 近くにいいカラオケボックスがある（できた）んですが、行きませんか。→水曜日はどうですか。店の人が安いと言っていました。

たのしくはなそう

1. したい事を二つ選ばせる。
   書いてある項目以外に何かしたいことがある学習者にはそれを書かせる。
2. 自分がアルバイトをする日を書き込ませ、その日は誘われても断ることを確認する。また、自分がしたくない事に誘われた場合も断るよう指示する。
3. 1) どう言って誘えばいいか、考えさせる。
   ＊学習者は約束することに気をとられがちなので、
      ●ちょっとれんしゅう のように上手に誘うことを強調したほうがいい。
   2) 会う時間と場所を決める言い方や、断り方がわからない学習者には〈モデル会話〉を参考にして導入するといい。
   3) クラスで一斉に活動を始める。
   4) 活動終了後、誰とどこに行くか、何をするか、何時にどこで会うか、どう言って誘ったか、メモしたことを発表させる。

〈モデル会話〉(佐藤さんが吉田さんを食事に誘う。)
佐藤:吉田さん、うちのそばにレストランができたんですが、食べに行きませんか。
　　　今週は半額になるそうです。
吉田:どんなレストランですか。
佐藤:フランス料理のレストランです。おいしいそうですよ。
吉田:いいですね。行きましょう。いつですか。
佐藤:明日の夕方はどうですか。
吉田:ええ、いいですよ。どこで会いましょうか。
佐藤:じゃあ、6時に新宿の南口で会いましょう。
吉田:そうですね。楽しみにしています。じゃ、また…。

(断る時)

佐藤:吉田さん、うちのそばにレストランができたんですが、食べに行きませんか。
　　　今週は半額になるそうです。

吉田:どんなレストランですか。
佐藤:フランス料理のレストランです。
吉田:そうですか。すみません。
　　　私、フランス料理はちょっと…。
佐藤:そうですか。残念ですね。
　　　じゃ、また今度。

吉田:いいですね。いつ行きますか。
佐藤:明日はどうですか。
吉田:すみません。
　　　明日はちょっと都合が悪いんです。
佐藤:じゃ、あさってはどうですか。
吉田:ええ、だいじょうぶです。
　　　〜

LESSON 6 待ち合わせ　　Aのページ　P.53　Bのページ　P.101

▷「〜ています」を使って、服装の説明ができるようになる。
▷「〜て」と「〜と」を正しく使い分けながら道順が説明でき、また、その説明を聞いてその位置を捜せるようになる。

◆ はじめる前に

知らない人と待ち合わせをしたことがあるか、どんな場合に起こりえるか、もし待ち合わせをしなくてはならなくなったら、予め相手から何を聞いておくかなどを考えさせるといい。

● ちょっとれんしゅう

1　1)例を用いて、文型を確認する。「駅を出て〜」の表現は
　　◆たのしくはなそう で使うので、ここで押さえておく。
　2)クラス全体、もしくはペアで □ の1〜6を練習させる。
2　インフォメーション・ギャップを使っての練習であることを説明する。
　1.　ペアを作り、それぞれの店を地図に書き込ませる。
　2.　相手の店への行き方を尋ね合わせる。
　　　＊場所が重なってしまった場合には、1階と2階だと説明する。

◆ たのしくはなそう

1. 1)クラス全体で設定を確認する。落とし物をした人が、それを拾ってくれた人と会うために、待ち合わせの店への行き方とその人の服装を聞く。
   2)ペアを作り、それぞれの役割をよく理解させる。
2. それぞれのページを開かせて、活動の前の作業をさせる。相手のページを見ないように指示する。
3. 1)会話の流れと表現などを押さえる。必要があれば、〈モデル会話〉を用いてもいい。服装について話すところでは細かいところまで質問するように指示する。
   2)ペアで会話をさせる。
4. 1)話し合い終了後、各ペアで店の場所、人物が一致したか答え合わせをさせる。
   2)クラス全体で一組のペアに会話をさせてみる。聞いている学習者には店の場所、服装などを聞き取らせ、わからない時は質問させる。
   ＊服装の説明はわかりにくいものから説明するとおもしろくなる。

〈モデル会話〉（手帳を落とした女の人とそれを拾った男の人が電話で話している。）
男：あのう、私は阿部と申します。今日手帳を拾ったんですが…。
女：あっ、どうもすみません。きのうどこかで落としてしまったんです。
男：どうしますか。私は今、新宿にいます。
女：今から取りに行きます。どこで会いましょうか。
男：「パンジー」という喫茶店を知っていますか。
女：いいえ。行き方を教えてください。

男：はい。まず、新宿駅を出て右にまっすぐ行くと、左側に郵便局があります。
女：駅を出て右ですね。
男：はい。郵便局のところを左に曲がって少し行くと、
　　右側に「パンジー」があります。
女：郵便局のところを右ですか。
男：いいえ、左です。
女：阿部さんはどんな服を着ていますか。
男：私は青いシャツを着て、白いジーパンをはいています。
女：眼鏡はかけていますか。
男：いいえ。あ、黒い帽子をかぶっています。
女：わかりました。じゃあ、これから行きます。

〔行き方の説明〕

〔服装の説明〕

LESSON 7 私は大統領

▷意志形、「〜つもりです」を使って計画や目標が言えるようになる。
▷「〜なくてはいけません」「〜なくてもいいです」を使って規則が説明できるようになる。

はじめる前に　有名な大統領の写真などを見せ、尊敬する大統領はいるか、国の大統領をどう思うかなど聞いてみる。また、自分が大統領ならどんな国にしたいか少し考えさせるといい。

●**ちょっとれんしゅう**
1　1)設定を説明し、大統領が何をするか文型を使って言わせる。
　　2)自分がこの国の大統領なら他にどんな事をするか考えさせ、国のイメージを膨らませる。
2　1. 1)二つの文型の違いを押さえる。
　　　2)この国の国民の規則をどうするか、どちらかの文型を学習者に選ばせて言わせる。
　　2.スポーツが強い国なら何をしなくてはいけないか、何をしなくてもいいか、絵を見て言わせる。他にどんな規則が考えられるか話し合わせる。

◆**たのしくはなそう**
1. 1)全体で設定を確認し、3、4人のグループを作る。
　 2)グループで話し合わせてメモをさせる。その際、施設の絵を参考にさせてもいい。
　　　＊できるだけいろいろな動詞を使っておもしろいアイディアを考えさせたほうがいい。
2. 1)話し合い終了後、1グループずつ発表させる。聞いている学習者が質問する時間を取る。
　 2)全グループの発表が終わったら、自分の国以外に住みたい国を聞き、どの国が一番魅力的な国だったか考える。

LESSON 8 クッキーなら作れます Aのページ P.60 Bのページ P.102

▷相手の依頼を引き受けたり、可能形を使って断ったりできるようになる。
▷名詞に接続する取り立ての「なら」を用いて、自分のできることを積極的に言えるようになる。
▷「～たことがある」を使って、自分の経験の有無が言えるようになる。

はじめる前に　料理、楽器、歌などについて、したことがあるか、できるかなどを聞いてみる。また、友達に何か依頼されて、自分がそれができない時はどうするか考えさせてみるといい。

● ちょっとれんしゅう
1) 例を用いて質問と答えの文型、絵の見方を確認する。
   ＊答え方は二通りあるが、学習者の能力に応じて、どちらか一つを導入し練習させるか、二つとも導入し文型の意味の違いを押さえる。
2) 1と2では友達と朝食や昼食を作って食べるなどの適当な場面を設定する。ペアで練習をさせ、何組かに発表させる。
3) 3ではパーティーでの出し物を決めるという状況を設定し、クラス全体で練習させる。練習後、絵にあるものの他にどんな出し物があるか聞いてみる。
   ＊「フルートをふく」「ドラムをたたく」などの楽器や、パントマイム、ものまね、空手などのパフォーマンスなどをいろいろ引き出しておくと◆ **たのしくはなそう** での活動がおもしろくなる。また、「マドンナの歌なら」「～という歌なら」などの具体的な言い方も紹介するといい。

◆ たのしくはなそう
1. 1) クラス全体で設定を確認し、パーティーの準備にはどんなことがあるか聞いてみる。
   2) 学習者を4、5人のグループに分け、教師がリーダーを指名する。
2. それぞれのページを開かせて役割を説明し、活動の前の作業をさせる。
   ・リーダー…書いてある項目以外の仕事も自由に考えさせる。
   ・リーダーじゃない人…できるかできないか○×を書き、他にできるものも自由に書かせる。書けなさそうなら、ページ右下の絵をヒントにさせる。
   ＊「できること」は本当のことを書かせるのが望ましいが、できることがなさそうなら、そうでなくてもいい。但し、その場合は④の発表後の問答ができなくなる。
3. 1) 依頼の仕方、断り方を確認するため、教師と一人の学習者で会話をしてみる。
   2) リーダーを中心にしてグループで話し合わせ、リーダーには係が決まったら名前をメモさせる。

4. 1)話し合い終了後、各グループで発表することを二つぐらい決めさせる。他のグループにはないようなユニークなものが発表できるといい。
　 2)各グループのリーダーに発表させる。
　　〈発表例〉私たちのグループの○○さんはブレイクダンスをします。
　 3)聞いている学習者には質問をさせる。
　　〈質問例〉
　　　どこで（誰に）習いましたか。／初めてしたのはいつですか。よくしますか。／今までに何回ぐらいしたことがありますか。

LESSON 9 何をあげますか。

▷贈り物を決めるために「～たがる」「ほしがる」を使って、人の好みなどについて話せるようになる。

はじめる前に　どんな時に贈り物をするか聞き、プレゼント、お土産、餞別の違いを押さえる。

ちょっとれんしゅう
1 1～20の絵をヒントにして、どんな贈り物があるか、自分の経験なども思い出させる。
　もらって嬉しかったものは何か、だれに、いつもらったのか、どうして嬉しかったのかなど、全体で話し合う。

2 1. 自分があげた物を思い出させ、どうしてそれをあげたか考えさせる。
　単に「好きだから」ではなく「～たがる」「ほしがる」の文型で具体的に言えるように導く。
　2. 何人かに発表させながら、適切な理由の言い方を押さえる。

たのしくはなそう
1. 1)ヨットで世界一周をしてみたいか、どんなことが大変だろうか、不便だろうか、何が楽しいだろうか、などと聞いて、世界一周旅行のイメージを膨らませる。
　 2)ヨットで世界一周をしてみたい人がいるか尋ねて、XとYになる人を決める。
　 3)XとY以外の学習者をペアにし、XとYへの餞別を決めるために一人はXに、もう一人はYにインタビューするように指示する。
　　＊XとYへのインタビューが豊かになるよう、予め例以外にどんなことを聞けばいいか、いろいろ出させたほうがいい。
　 4)各ペア一斉にXとYのところに質問に行かせる。
2. 質問が出尽くした頃をみはからって、ペアにもどるよう指示し、XとYが喜びそうな餞別を考えさせる。
　＊ペアで話し合う際、お互いにXとYから聞いたことを「～たがっていた」「～と言っていた」を使って話すように促す。
　ペアが話し合っている間、XとYは二人で何が欲しいか話し合う。

＊ペアにもＸＹにも決めたものを紙に書かせる。
3. ペアで決めた餞別を発表させる。全部終わってからＸとＹに欲しいものを発表させる。一致したペアを勝ちとする。
＊一致しなくても、ＸとＹの嗜好を実によく考えていたペアや、ユニークな餞別を考えたペアはどのペアか、皆で考える。

LESSON 10 私はプロ！

▷「〜ように」を使って、日頃気をつけていることが言えるようになる。
▷「〜ておく」を使って、準備について言えるようになる。

はじめる前に
将来何になりたいか、どんな仕事に興味があるか、聞いてみる。現在、仕事を持っている学習者には、その仕事の大変な点などを聞く。
1から9までの絵を見せながら、それぞれの仕事の大変な点について考えさせてもいい。

ちょっとれんしゅう
1. 1の医者を例にとり、医者はどんなことに気をつけているか聞いてみる。学習者はいちばん適当なものを選んで言う。答えは一つとは限らない。他の職業も同様に確認する。
＊1〜8以外にもどんなことに注意しているか、学習者に考えさせる。
2. 例のように仕事の前にどんな準備をしておくか、絵をヒントにして言わせる。
絵に縛られることはない。いろいろ引き出せるといい。

たのしくはなそう
1. ペアを作り一人をレポーター役にする。もう一人には自分の職業を決めさせる。
＊会話力に自信のない学習者には1から9の職業から選ばせる。
2. 1から5の質問に対してどう答えるか、ペアで考えさせる。
＊二人の発表を聞いた時に、他の人にすぐ職業がわからないように工夫させる。
ペアでの作業の前に、録音しておいた〈モデル会話〉を聞かせ、どんな仕事か学習者に考えさせると、活動の様子がわかりやすい。
3. ペアで発表させる。
発表者以外はそれを聞き、その職業を当てる。
＊マイクなどを用意して雰囲気を出すといい。

〈モデル会話〉（テレビのレポーターがイルカのトレーナーにインタビューしている）
レポーター：大変なお仕事だと思うんですが、いつもどんなことに気をつけていますか。
トレーナー：彼が病気にならないように気をつけています。彼の目を見るとわかるんです。今日は調子が悪そうだって……。
レポーター：ショーの前は、どんなことをしておくんですか。

トレーナー：ステージの掃除をしておきます。それから彼にやる魚の準備もしておきます。それから……まあ、他にもいろいろな準備がありますね。
レポーター：忙しそうですね。今までに、やめたいと思ったことがありますか。
トレーナー：ええ、あります。うまく訓練ができなくて、この仕事は私にあっていないんじゃないかと思いました。
レポーター：ところで、休みの日は何をしているんですか。
トレーナー：うーん、仕事がない時も彼のことを考えていますね。関係のある本を読んだりして…。
レポーター：へえ、そうですか。
じゃあ、最後にうかがいたいんですが、将来の夢はなんですか。
トレーナー：夢ですか。…………世界中でショーをやってみたいですね。
レポーター：どうもありがとうございました。

LESSON 11 あの店にしよう！　Aのページ P.71　Bのページ P.103

▷文脈指示の「そ・あ」を使って、会話の中で互いに共通の情報について話したり、未知の情報について相手に質問したりできるようになる。

はじめる前に
よく外食するか、気に入っているレストランはあるかなどを聞いたり、教師が自分がよく行く店や、学校の近くにある店について話し、学習者に質問させてみるといい。その際、「そ・あ」の使い分けを意識させる。

●ちょっとれんしゅう
① 1)設定を説明し、例を用いて文型を確認する。
　　＊相づちの言い方「そうですね。」も導入し練習させる。
　2)時間を与えて絵をよく覚えさせる。
　3)ペアになり、絵を見ないで思い出しながら話させる。
　　＊どちらがたくさん言えるか競わせてもいい。
　4)クラス全体で何人かに言わせる。
② 1. 1)やり方を説明し、どんな質問ができるか聞き、質問の文型を確認する。
　　2)ペアで会話させる。
　2. 1.と同様のやり方で行う。
　　＊他のやり方で「そ・あ」の使い分けの練習をさせることもできる。まず、Bの学習者に、あるクラスメートについて名前を言わないで話させる。Aの学習者には「そ」を使って質問し、誰のことかわかったら、「あ」で話すように指示する。クラス全体、グループで行ってもいい。

◆ たのしくはなそう
1. 1) クラス全体で設定を確認する。
   2) ペアを作り、それぞれのページをよく読ませる。
      ＊自分の知っている店があればメモを書かせる。
2. 1) 互いに店を紹介し合い、相手の紹介してくれた店について質問するという会話を繰り返し、最終的に行く店を決めるという活動の流れを説明する。
   2) 会話の流れを説明し、切り出し、切り上げなどの表現を導入する。必要があれば、〈モデル会話〉を用いてもいい。
   3) ペアで話し合わせ、店を決めさせる。
3. 話し合い終了後、どんな店に決めたか何人かに聞いてみる。A、Bのページにない店に行くことにしたペアがある場合は、聞いている学習者にいろいろ質問させる。

〈モデル会話〉（佐藤さんと吉田さんが今夜どこで食事をするか話し合っている。）
佐藤：どこで食事をしましょうか。
吉田：この前一緒に行った「アムール」はどうですか。
佐藤：ああ、あの店のスープ、おいしかったですよね。
　　　でも、駅から遠いのがちょっと…。
吉田：そうですか…。他にいい店を知っていますか。
佐藤：あのう、「ハングリー」という店を知っていますか。
吉田：いいえ。そこはどんな店ですか。
佐藤：ステーキの店です。お客さんの目の前で肉を焼いてくれるんですよ。
吉田：一人いくらぐらいですか。
佐藤：5000円ぐらいです。
吉田：ちょっと高すぎますね。
佐藤：じゃあ、「レタス」という店はどうですか。
吉田：その店はどんな店ですか。
佐藤：サラダの専門店です。1200円で食べ放題なんですよ。
吉田：へえ、いいですね。
佐藤：どの店にしましょうか。
吉田：私は「レタス」がいいです。
佐藤：じゃあ、「レタス」へ行きましょう。

LESSON 12 犯人は誰だ！

▷受け身形を使って被害が言えるようになる。
▷「～ようです」を使って推理したことが言えるようになる。

はじめる前に 　会社や学校、家などでこれまでものを盗まれたり泥棒に入られたことがあるかなど話し合うといい。

● **ちょっとれんしゅう**
1. 絵を見て何をされたか受け身形で言わせる。
2. 絵をもとに男の人について推理して言わせる。
　学習者が絵と関係ないことを言った場合は、その理由を聞く。
　〈発話例〉お酒を飲んだようです。／転んだようです。／
　　　　　どこかで靴をなくしたようです。／失恋したようです。

◆ **たのしくはなそう**
1. 全体で状況を確認する。教師主導で学習者にできるだけ多く発話させる。
2. 教師主導で学習者にできるだけ多く発話させる。
　(1)学習者がわからないようであれば、台所の窓ガラスが割れていること、あらかじめ戸締まりがしてあったことに注意を向けさせる。
　(2)どうしてテレビゲームが壊れているか、どうしてカーテンが汚れているか、どうして傘立てが壊れているか、また、たんすを開けた方法などに注意を向けさせ、考えさせる。この4点を押さえればいい。
　(3)背が高いかどうか、何が好きか、などを手掛かりとして考えさせるといい。この他にもいろいろと考えられる。
　　＊学習者の発話が状況から判断できないものの場合は「～かもしれない」「～んじゃないか」などの適切な言い方を使うように指導する。
3. 1)ペアを作り、犯人は誰か考えさせる。
　　＊学習者の能力に応じてなぜその人はどろぼうに入ろうと思ったか、どうしてこんなことをしたのかについて、話を自由に作らせる。
　2)クラス全体で推理や話を発表させる。
　　＊最後に教師がどろぼうを発表する（太郎）。どうして太郎はこんなことをしたのかの解答例として以下の理由を読み上げ、各ペアの話と比較してもいい。
　　〈解答例〉太郎は普段からこの家の子供にいじめられていて、悔しいと思っていた。庭でボールあそびをしていたらボールがこの家の台所の窓にあたってガラスが割れたので、中に入ってしまった。甘い物が好きなのでケーキや果物を食べ、コーラを飲んだ。でも野菜とりんごは嫌いなので食べなかった。ビールも少し飲んでみたが、まずいので止めた。手が汚れたのでカーテンで手を拭いてテレビゲーム

をしたが、うまくできなくて腹が立って壊した。今お小遣いがないのでお金をとった。しかし、キャッシュカードは何なのかわからなかったのでとらなかった。金魚がかわいかったので傘立てにのって金魚もとった。

LESSON 13 X年後の世の中は？

▷動作主が不特定多数である受け身形が適確に使えるようになる。
▷「〜のようになる」「〜になる」「〜くなる」を使って、変化について言えるようになる。

はじめる前に
昔はなかったが現在あって便利なものにどんなものがあるか、現在は普及していないが、将来普及するだろうと思われるものは何か、などについて聞く。また、あったら便利だと思われるのは何か聞いてもいい。

●ちょっとれんしゅう

1 1)絵から選ばせたものを例のように言わせる。
  2)現在の生活の不便な点を挙げて、絵以外にどんなものが作られているか学習者から引き出せるといい。

2 1)例を用いて文型を確認する。
  ＊文末は「〜かもしれません。」にこだわる必要はなく「〜だろうと思います。」でもいいが、学習者が混乱しないように、例は「〜かもしれません。」のみとした。
  2)1〜12の中から適当なものを選び、それができた時の世の中の変化について言わせる。

◆たのしくはなそう

1. 1)全体で設定を確認する。
   2)2、3人のグループを作り、5項目の中から1つ選ばせて、話し合わせる。
   ＊話し合いが進まないグループには教師がヒントを与える。
   〈ヒント例〉ファッション
         現在、男性はほとんどズボンをはいているが、100年後も変わらないだろうか。女性用、男性用の区別はあるだろうか。民族服などはどうなるだろうか。など
   ＊考えにくいようであれば、テレビはどうなるかなど、何か1品についてだけ考えさせてもいい。

2. 1)できるだけ皆で分担して発表するように指示する。
   2)グループごとに考えたものを発表させる。
   ＊絵を書かせた場合は、絵を見せながらその説明をさせる。

LESSON ⑭ 海を見るなら　Aのページ　P．86　Bのページ　P．18～19

▷相手の言ったことを受けて言う「～なら」、いろいろな選択肢の中から選んで勧める「～たらどうですか」、悪い結果にならないように強く勧める「～たほうがいいです」を使ってアドバイスができるようになる。

はじめる前に　教師が学習者の国を旅行するという設定でどこへ行ったらいいか、どんなことに注意したほうがいいか聞くといい。

●ちょっとれんしゅう

① 例を用いて文型を確認し、クラス全体、もしくはペアで練習させる。3は適当な場所を学習者に考えさせる。
　＊地名が多いので、83ページの地図を参考にしてイメージさせるといい。
★　これは時間によって応用として扱う。
　＊話の切り出しでは、その国へ行って何がしたいかを言う。
　〈発話例〉A：私はおいしい料理が食べたいんですが…。
　　　　　　（×台湾に行きたいんですが…）
　＊場所の説明で動詞を使う時、可能形が多く使われることを確認する。
　〈発話例〉B：有名なおそばが食べられますよ。

② 1)例の絵を見て注意事項を考えさせる。
　＊絵のようにならないために何をすればいいか考えるように指示する。
2)クラス全体、もくしはペアで練習させる。
3)答えを確認する。
　〈回答例〉
　1．早く行ったほうがいいですよ。
　2．プールに行くならぼうしを持って行ったほうがいいですよ。
　3．展望台に登るならセーターを着て行ったほうがいいですよ。

◆たのしくはなそう

1．全体で設定を確認し、ペアを作って役割を決める。
2．それぞれのページを開かせて活動の前の作業をさせる。
　・客…どんな旅行がしたいか考えさせる。
　　　　また、ペアで会話をしながら、説明を受けた所についてシートに簡単にメモを取るよう指示する。（母語でもいい）
　・係員…絵や＊注意＊に書いてあることから、場所の説明やアドバイスを考えさせる。絵から読み取れること以外にも自由に想像して話すよう指示する。
3．1)客と係員にそれぞれのページの表現を使って話すように指示する。
2)ペアで話し合わせ、客に行くところを決めさせる。
3)客になった学習者にはどこに行くことにしたのか、係員になった学習者にはなぜそこを勧めたのか発表させる。

LESSON 15 仕事は大変！

▷使役受け身形を使って、仕事の大変さを訴えることができるようになる。

はじめる前に
学習者に身近なことで、いやいやさせられていること、させられたことなどについて思い出させながら、使役形や使役受け身形を使って述べさせるといい。

●**ちょっとれんしゅう**
1)例を用いて使役形、使役受け身形の使われる人間関係や主語、動作主を確認する。
2)ペアで1～3を交互に練習させる。
3)何組かのペアに発表させる。この時、表情やイントネーションにも気をつけさせ、役になりきらせる。

◆**たのしくはなそう**
1. 設定を説明し、2、3人のグループを作らせ、グループごとにアルバイト先を一つ決めさせる。アルバイト先が重ならないように注意する。
2. 各グループで話し合わせる。書いてある項目以外のことも自由に考えさせ、話し合ったことをメモするように指示する。
3. 1)教師がアルバイトを探しているという設定で、各グループに仕事の大変さを言わせる。教師は適宜質問をする。
   〈発話例〉 教　師…アルバイト先を探している
   　　　　　学習者…新しい働き手に来てほしくないハンバーガー屋の店員
   　　　　　教　師：ハンバーガー屋さんで仕事がしたいんですが。
   　　　　　学習者：私のところは朝早く来させられますよ。
   　　　　　教　師：何時ごろですか。
   　　　　　学習者：5時ですよ。それに、毎朝あいさつの練習を20回させられるし。
   　　　　　　　　　あいさつの後は店の中も外も掃除させられるから、大変ですよ。
   　　　　　教　師：そうですか…。大変ですね。
   　　　　＊クラスを半々に分け、アルバイトをしている側、アルバイトを探している側にし、このやりとりを学習者同士でさせてもいい。
   2)全グループの仕事の大変さを聞かせた後、絶対したくないと思うアルバイトの投票をし、その投票が多かったグループを勝ちとする。

| こんな時どう言いますか？ |　　**電話のかけ方**

▷電話のかけ方を知り、電話をかけたり受けたりできるようになる。
▷相手が不在の場合に伝言をし、用件が伝えられるようになる。

◇あなたならどうしますか　　1）吉田と佐藤の関係、状況を確認後、どうするか聞いてみる。
　　　　　　　　　　　　　2）教師と学習者で電話での会話をしてみる。相手が不在の場合、用件をどうやって伝えたらいいか考えさせる。

◇話してみましょう　　電話での会話、伝言の仕方などの導入が必要な場合は、94、95ページの　◇電話のかけ方　と　◇モデル会話　を使って練習させる。
1）1～6の状況を確認する。
2）ペアを作り、役割を決める。相手が不在で伝言する場合の会話をするように指示し、練習させる。
3）何組かのペアに発表させる。
　　＊学習者の能力に応じて、電話後の本人が帰宅し、家の人が本人に伝えるところまでの会話をさせてみてもいい。
4）一つの状況を選んで、教師と学習者で会話をする。◇電話のかけ方を参考にして、いろいろな場合の会話をしてみる。教師が電話を受ける側になり、下記のような質問もしてみるといい。
　　〈質問例〉名前の聞き返し「すみませんが、もう一度お名前をお願いします。／おっしゃっていただけますか。」
　　　　　　身分の確認　　「学校のお友達ですか。」
　　　　　　伝言の申し出　「何か（伝言を）伝えましょうか。」

◇電話のかけ方　　このページは　◇話してみましょう　を考える時の参考として扱う。
フローチャートを見ながら、以下の場合の話の流れ、表現等を確認し、教師と学習者で会話をしてみる。
　1．相手が名乗る場合、名乗らない場合の対応の仕方
　2．相手がいる場合、いない場合の話の進め方
　3．電話をかけ直す場合、伝言を頼む場合の言い方
　　　＊「～基本体～とお伝えください。」を押さえる。伝言が2文になる場合は無理に1文にする必要はない。後文のみ、文末を基本体にするように指示する。
　4．電話を切る時の表現
間違い電話、本人がいる場合、本人が出た場合も様子を見て練習する。

◇モデル会話　　◇あなたならどうしますか　と同じ状況で、伝言を頼む場合の会話。参考として扱う。これを使って表現や流れを押さえたり、音読練習をさせたりしてもいい。

| こんな時どう言いますか？ |　　謝り方

▷適切な流れで謝罪ができるようになる。

◇あなたならどうしますか　　1) 山田さんとの人間関係を押さえて、以下の場合には謝った上でどんな対処ができるかをできるだけ多く考えさせる。
　　　　　　　　　　　＊絵を見ただけで状況がわからない時は教師の方から説明する。
　　　　　　　〈状況〉　1．山田さんから借りた傘を電車の中に忘れた。駅員に連絡したが見つからなかった。（◇謝り方 例と同じ）
　　　　　　　　　　　2．山田さんから借りた授業のノートをなくした。部屋を捜したが見つからなかった。
　　　　　　　〈対処例〉1．新しい物を買って返す
　　　　　　　　　　　2．他の人から同じものを借りてコピーして返す。
　　　　　　2) 謝る時の表現を考え、できればその表現をどんな順番で言ったらいいか考える。

◇話してみましょう　　謝り方の導入が必要な場合は、98ページの ◇謝り方 を使って練習させる。
　　　　　　1) 学生をペアにして、一つの状況を選ばせる。
　　　　　　2) 役割を決めて、会話練習をさせる。
　　　　　　　＊即座に会話を作っていくのが難しい場合は、考える時間を取って会話を作らせる。その後、全体発表させる。
　　　　　　　＊1～4の対処方法は ◇あなたならどうしますか で押さえたものが使える。
　　　　　　　　5は対処方法を考えるのがやや難しい。
　　　　　　3) 全体の前で会話を発表させる。
　　　　　　4) 時間があれば立場を交代し、状況を変えてもう一度行う。

◇謝り方　　このページは ◇話してみましょう を考える時の参考として扱う。
　　　　　　1) 図を見ながら謝罪の流れを理解させる。
　　　　　　　＊謝りたい事柄について自分から切り出せるように特に注意して指導する。
　　　　　　　＊ 説明する では、なくした時の状況の説明の他に、努力したがだめだったと伝えることも確認する。
　　　　　　2) 表現を押さえ、音読練習をさせる。
　　　　　　　＊ ◇あなたならどうしますか の2の例をこのパターンに当てはめて練習してもいい。

NEW Bunka NIHONGO 회화특별훈련

초판발행	1995년 10월 20일
1판 11쇄	2016년 4월 15일
저자	文化外国語専門学校日本語科
펴낸이	엄태상
책임 편집	조혜연, 오은정, 조은형
마케팅 총괄	백상현
마케팅	오원택, 이승욱, 박기진, 김동현, 전한나, 박나연
펴낸곳	시사일본어사
주소	서울시 종로구 자하문로 300 시사빌딩
주문 및 교재 문의	1588-1582
팩스	(02)747-1945
홈페이지	http://book.japansisa.com
이메일	sisa_book@naver.com
등록일자	1977년 12월 24일
등록번호	제300 - 1977 - 31호

ISBN 978-89-402-4129-5 18730
　　　978-89-402-4120-2 18730 [set]

日本 文化外国語専門学校日本語科와 라이센스 독점 출판

* 이 교재의 내용을 사전 허가없이 전재하거나 복제할 경우 법적인 제재를 받게 됨을 알려 드립니다.
* 잘못된 책은 본사에서 교환해 드립니다.
* 정가는 표지에 표시되어 있습니다.